Julia Groos

Suchtverhalten im Kontext von Life Events

Eine empirische Untersuchung zum Zusammenhang von kritischen Lebensereignissen und Suchterkrankungen

Diplomica Verlag GmbH

Groos, Julia: Suchtverhalten im Kontext von Life Events: Eine empirische Untersuchung zum Zusammenhang von kritischen Lebensereignissen und Suchterkrankungen.
Hamburg, Diplomica Verlag GmbH 2013

Buch-ISBN: 978-3-8428-8420-5
PDF-eBook-ISBN: 978-3-8428-3420-0
Druck/Herstellung: Diplomica® Verlag GmbH, Hamburg, 2013

Bibliografische Information der Deutschen Nationalbibliothek:
Die Deutsche Nationalbibliothek verzeichnet diese Publikation in der Deutschen Nationalbibliografie; detaillierte bibliografische Daten sind im Internet über http://dnb.d-nb.de abrufbar.

© Diplomica Verlag GmbH
Hermannstal 119k, 22119 Hamburg
http://www.diplomica-verlag.de, Hamburg 2013
Printed in Germany

Inhaltsverzeichnis

„Auch aus Steinen, die einem in den Weg gelegt werden, kann man Schönes bauen.“

Johann Wolfgang von Goethe, 28.08.1749 - 22.03.1832
dt. Schriftsteller[1]

---

[1] Quelle: http://www.zitate.net

Vorwort

In der praktischen und vor allem therapeutischen Arbeit mit Suchterkrankten stellt die Erhebung von Anamnesedaten ein zentrales Diagnoseinstrument dar. Neben der Exploration krankheitsrelevanter Aspekte der biografischen Entwicklung eines Patienten, den Sozialisationsbedingungen und der Persönlichkeitsentwicklung, liefert sie auch wichtige Hinweise hinsichtlich der Entstehung und Aufrechterhaltung der Suchterkrankung. Lebensgeschichtliche Angaben des Patienten sind somit der Grundstock für therapeutische Interpretationen, Basis der therapeutischen Sicht auf den Patienten anhand der vorliegenden Informationen. Aus der Gesamtheit der Erkenntnisse resultiert eine erste Vorstellung von Denk-, Einstellungs- und Verhaltensmustern, anhand derer wiederum Hinweise auf Therapieziele, -planung und therapeutische Interventionen abgeleitet werden können. Letztlich sind Kenntnisse zur individuellen Lebensgeschichte also eine wichtige Grundvoraussetzung für das therapeutische Arbeiten mit Patienten, nicht nur in der spezifischen Behandlung von Suchterkrankten *(vgl. Osten, 2000)*.

Welche Informationen aus der jeweiligen Lebensgeschichte eine Bedeutung für die spezifische Entwicklung einer Suchterkrankung haben können und daher in die Erhebung einfließen sollten, ist umfassend und detailliert in der Literatur beschrieben *(vgl. Tretter & Müller, 2001)*. Um die Fülle der möglichen Daten aus dem Leben eines Menschen zu bündeln und nach ihrer Krankheitsrelevanz zu kategorisieren, verlaufen Anamneseerhebungen in der Praxis oft nach standardisierten Verfahren, wie vorgegebenen Fragebögen und Leitfäden für Anamnesegespräche. Die somit gemachten Vorgaben sind durchaus hilfreich, um sich in der Informationsflut zurecht zu finden, die Angaben des Patienten sowie die eigenen Fragestellungen zu strukturieren und zu kategorisieren. Letztlich wird ein roter Faden hergestellt, der die Exploration operationalisierbar und nicht zuletzt auch für die Praxis handhabbar macht.

Nach meinen persönlichen Erfahrungen als in der Sucht tätige Therapeutin sind diese „Hilfsmittel" in der Exploration lebensgeschichtlicher Zusammenhänge zum Verständnis der Entstehungsbedingungen wie auch des individuell beobachtbaren Verhaltens des Patienten im Kliniksetting (klinische Beobachtung) unabdingbar. Das standardisierte Vorgehen ist sinnvoll, nicht zuletzt vor dem Hintergrund der immer kürzer werdenden Therapiezeiten in stationären Einrichtungen und des so entstehenden Zeitdrucks, den ich in der Behandlung von Suchtkranken erlebe. Dennoch stellt sich mir oft die Frage, ob die vorgegebenen Instrumente tatsächlich ausreichen, um einen Patienten allumfassend zu verstehen.
Eine weitere Beobachtung in der Auseinandersetzung mit einer Vielzahl von Patienten und Lebensgeschichten ist, dass trotz aller Individualität der persönlichen Entwicklungsverläu-

fe dennoch Redundanzen hinsichtlich bestimmter prägender oder auch als kritisch zu betrachtender Lebensereignisse erkennbar sind. Solche Erlebnisse treten zwar in sehr unterschiedlicher Gestalt, jedoch im Grunde oft ähnlicher Form auf. M. E. spielen dabei besonders häufig belastende Erfahrungen im Bereich zwischenmenschlicher Beziehungen und interaktioneller Kontakte eine zentrale Rolle. Erlebte Enttäuschungen, Kränkungserfahrungen und auch Verluste nahestehender Personen sind vielfach Gegenstand der Schilderung von Patienten, vor allem im Rahmen der Anamneseerhebung.

Der Austausch mit Kollegen in meinem Arbeitsbereich zeigt darüber hinaus, wie unterschiedlich die aus der Anamneseerhebung resultierende Sicht auf den Patienten und die Fokussierung auf jeweilige Problembereiche sein kann. Welche Erkenntnisse im besonderen Augenmerk des Behandlers stehen und nicht zuletzt, welchen konkreten Lebensereignissen welche Bedeutung in der Interpretation der individuellen Entwicklung beigemessen werden und welche Begründungszusammenhänge sich ergeben.

Jedoch unabhängig davon, welche Interpretation ein Therapeut verfolgt, welche konkreten Lebensereignisse oder deren Summe er für das Erkrankungsbild, für dessen Entstehung und Aufrechterhaltung als relevant annimmt, so gilt es immer auch, dies dem Patienten zu vermitteln und so ein individuelles Krankheitsverständnis zu fördern.
In der Praxis ergibt sich dabei oft das Problem, eine hinreichende Annahme und Akzeptanz dieses zunächst nur theoretischen Krankheitsmodells bei dem Patienten zu erzeugen. Beobachtbare Differenzen im Austausch mit dem Patienten bezüglich der Bedeutung lebensgeschichtlicher Ereignisse und einem möglichen Zusammenhang zur Suchterkrankung können dabei auf Seiten des Therapeuten schnell als eine Form der Krankheitsabwehr und somit als krankheitsimmanentes „Symptom" interpretiert werden. Möglicherweise basieren die Unterschiede aber auch auf anderen Aspekten, wie beispielsweise unterschiedlichen Erfahrungswerten, Persönlichkeitsvariablen oder sind sogar auf die Art der therapeutischen Befragung in der Anamneseerhebung zurückzuführen?

Einleitung

Die nachfolgende Arbeit beschäftigt sich mit der Frage nach Zusammenhängen zwischen so genannten „Life Events" oder auch „kritischen Lebensereignissen" und dem Entstehen bzw. der Aufrechterhaltung von Suchterkrankungen. Von besonderem Forschungsinteresse ist dabei, wie Betroffene einer Suchterkrankung selbst die Bedeutung einzelner Lebensereignisse einschätzen, wie sie kritische Lebensereignisse persönlich beurteilen und welchen Stellenwert sie ihnen in Verbindung mit ihrer Suchterkrankung geben.

Dazu sollen zunächst in **Kapitel I** die theoretischen Grundlagen erläutert werden. Aufgrund der Vielfalt an Forschungsbemühungen sollen hier jedoch nur die wichtigsten Ergebnisse in Form eines Überblicks dargestellt und erläutert werden.
Im Einzelnen werden in *Kapitel 1* wissenschaftliche Interessensgebiete und die Problematik einer Begriffsbestimmung aufgezeigt, sowie in *Kapitel 2* spezifische Erklärungsmodelle vorgestellt. *Kapitel 3* befasst sich mit dem gezielten Blick auf kritische Lebensereignisse in Zusammenhang mit psychischen Störungen.

Das Hauptaugenmerk soll in **Kapitel II** dann auf der eigenen empirischen Untersuchung liegen. Dazu werden im Rahmen des *Kapitels 1* zunächst Prozesse der Planung und Vorbereitung erläutert. In diesem Zusammenhang werden leitende Forschungsfragen und Zielsetzungen der Untersuchung sowie die Erarbeitung des konkreten Studiendesigns in Form von Auswahlverfahren der wissenschaftlichen Methode und der Stichprobe dargestellt. Auf der Basis der Entscheidung für die Durchführung einer qualitativen Befragung wird darüber hinaus die Konstruktion eines entsprechenden Interviewleitfadens präsentiert. Die nachfolgende Erhebungsphase wird in *Kapitel 2* anhand der Vorstellung von Fallkonstellationen und Hintergrundwissen, dem allgemeinen Interviewverlauf und ergänzender Eindrücke und Problematiken beschrieben. In der Präsentation der Ergebnisse in *Kapitel 3* wurde im Zuge der Auswertung der durchgeführten Interviews sodann ein Kategoriensystem entwickelt, welchem die Aussagen der Studienteilnehmer auf der Grundlage der zuvor erstellten Interviewtranskripte (= Datenmaterial) zugeordnet wurden. Aufgrund der Datenflut werden die Ergebnisse noch einmal in einem Überblick zusammengestellt, um anschließend eine fachliche Einschätzung der individuellen Suchtentwicklung anzufügen.
Nicht zuletzt werden die Ergebnisse im Rahmen des *Kapitels 4* unter Bezugnahme auf die leitenden Arbeitshypothesen diskutiert. Im abschließenden *Kapitel 5* wird ein Ausblick auf weiteren Forschungsbedarf gegeben.

I Theoretische Grundlagen – Life-Event-Forschung im Überblick

Bei dem Versuch, einen Überblick über Forschungsbemühungen und -ergebnisse zum Thema „kritische Lebensereignisse"[2] zu gewinnen fällt zunächst auf, welche verschiedenen Wissenschaftsbereiche sich zwischenzeitlich mit dem Phänomen der „Life Events" beschäftigen. Erziehungswissenschaften, Soziologie und Medizin sind dabei neben der Psychologie deutliche Vorreiter. In der Fokussierung auf die Auseinandersetzung mit kritischen Lebensereignissen als psychologischem Forschungsgegenstand wiederum findet sich ein Interesse in den unterschiedlichsten Teildisziplinen. Ein Großteil der wissenschaftlichen Studien und Untersuchungen entfallen dabei unter die Entwicklungspsychologie, Klinische Psychologie und Sozialpsychologie.

1 Kritische Lebensereignisse als Forschungsgegenstand

Je nach fachspezifischem Schwerpunkt und entsprechender Herangehensweise werden speziell die Auswirkungen lebensgeschichtlicher Ereignisse auf ein Individuum und seinen Entwicklungsverlauf hin untersucht. Allen gemeinsam ist die Frage nach der individuellen Bewältigung von Lebensereignissen. Deutliche Differenzen hingegen entstehen hinsichtlich der besonderen Forschungsperspektive.

Die Bandbreite der auf den Forschungsbereich angewandten psychologischen Modelle und Theorien ist dabei groß. Von besonderer Bedeutung und mit einer Vielzahl von Studien unterlegt erscheinen jedoch insbesondere stresstheoretische Konzepte, kognitiv-behaviorale Theorievorstellungen und nicht zuletzt die Betrachtung von Einzelereignissen und daraus resultierende Stufenmodelle. Als auf intrapsychische Prozesse fokussierte Modelle sollen einige Theorien im Folgekapitel exemplarisch vorgestellt und somit ein Eindruck von den vielfältigen Zugangswegen zur Erforschung kritischer Lebensereignisse vermittelt werden *(vgl. Kapitel 2)*.

Der überwiegend „negativen" Sicht auf kritische Lebensereignisse gegenüber stehen jüngere Annahmen aus der Entwicklungspsychologie, welche nicht zwingend von einer störenden oder sogar pathogenen Wirkung kritischer Lebensereignisse ausgeht, sondern sie umfassender und auch als normative Übergänge innerhalb der Lebensspanne zu verstehen wissen will. Dementsprechend wird hier der Fokus auf die Notwendigkeit der Bewältigung und die daraus resultierende Entwicklung von Kompetenzen und Ressourcen gelenkt.

---

[2] Anm. des Verf.: Der deutsche Begriff „kritische Lebensereignisse" und der englische Begriff „Life Events" werden im Folgenden synonym verwendet.

Letztlich geht es also auch um die Evaluierung protektiver Faktoren, gerade zur *Vermeidung* von Krankheitsentwicklungen.

Die Vielfalt der Erklärungsansätze verweist dabei schon an dieser Stelle auf besondere Problemstellungen in der Erforschung kritischer Lebensereignisse. Zunächst dürfte auch ohne Nennung empirischer Belege die Aussage zutreffend sein, dass sich Lebensereignisse in vielfältigen Erscheinungsformen, Ausprägungen und Ausgestaltungen darstellen und ihre konkrete Fassbarkeit daher problematisch erscheint. Aus der heterogenen Masse an möglichen Lebensereignissen, seien sie nun als kritisch zu betrachten oder nicht, eine gewisse Vergleichbarkeit herzustellen scheint dabei ein großes wissenschaftliches Unterfangen zu sein. Geschweige denn, hieraus eine allumfassende wissenschaftliche Theorie herzuleiten. Die Komplexität des Forschungsgegenstandes ergibt sich nicht zuletzt aus der Erkenntnis, dass kritische Lebensereignisse stets auch in soziale, geschichtliche und kulturelle Zusammenhänge eingebettet und somit in ihrer Bedeutsamkeit hiervon kaum losgelöst zu betrachten sind.

Eine weitere Schwierigkeit ergibt sich bei der Suche nach einer einheitlichen Definition bzw. Begriffsbestimmung. Während der englische Begriff „Life event" noch relativ problemlos und simultan im Deutschen mit „Lebensereignis" zu übersetzen ist, scheint hier doch hinsichtlich des inhaltlichen Verständnisses sowie insbesondere in Bezug auf die Beschreibung von Ereignissen als „kritisch" viel Interpretationsspielraum gegeben zu sein. Hinzu kommen die hinter dem Adjektiv stehenden, oftmals rein subjektiven Bewertungen und Einschätzungen. Ab wann ist also ein Ereignis allgemeingültig als „kritisch" zu betrachten? Die Begriffsbestimmungen im Rahmen des jeweiligen Erklärungsansatzes sind dabei überwiegend eingebettet in das entsprechende theoretische Ausgangskonstrukt.

Doch auch bei fehlender Einheit hinsichtlich definitorischer Grundlagen, so stehen doch meist im Mittelpunkt des Forschungsinteresses im Besonderen die langfristigen Auswirkungen von Einzelereignissen bzw. die Summe von Ereignissen als Basis einer anhaltenden Belastung.

2 Ausgewählte Erklärungsmodelle in der Life-Event-Forschung

Es lässt sich allgemein festhalten, dass sich in der Erforschung bedeutsamer Life Events und deren Auswirkungen auf Individuen keine einheitliche oder verbindende theoretische Grundlage findet. Vielmehr generieren sich Forschungsbemühungen aus einzelnen Erklärungsmodellen, die zum Teil einen sehr fachspezifischen Blick auf das Phänomen „Lebensereignis" gewähren. Einige der wichtigsten Konzepte sollen im Überblick kurz dargestellt werden.

2.1 Stresstheoretische Konzepte

Der Begriff „Stress" wurde erstmalig verwendet und publik gemacht in den 30er Jahren durch den aus Österreich stammenden Wissenschaftler *Hans Selye*. In experimentellen Versuchen an Ratten hatte er gefunden, dass diese auf einen schädlichen Außenreiz (Stressor) stets die gleiche Abfolge von Körperreaktionen zeigten. Dieses in der Wiederholung reproduzierbare Reaktionsmuster bezeichnete er als *Allgemeines Adaptationssyndrom (vgl. Rosch Inglehart, 1988)*.

Der amerikanische Psychologe und Wissenschaftler *Richard Lazarus* kritisierte Selyes Postulat dahingehend, dass er bei der Verarbeitung von Stressoren insbesondere kognitive Prozesse in Form von Bewertungen von Ereignissen vernachlässige. Er entwickelte und präsentierte daher 1974 ein *Transaktionales Stress-Modell*, im Rahmen dessen er davon ausging, dass nicht der Reiz, die Situation oder das Ereignis selbst für die Stressreaktion von Bedeutung sind, sondern die individuelle kognitive Verarbeitung des Betroffenen. So könnten Individuen für einen bestimmten Stressor höchst unterschiedlich anfällig sein, d.h. was für den einen Betroffenen Stress bedeutet, wird von einem anderen noch nicht als Stress empfunden. Nach Lazarus bedingt die individuelle Bewertung von Ereignissen stets auch eine entsprechende Reaktion und verläuft in zwei Stufen: In dem primären Bewertungsprozess schätzt das Individuum zunächst die Relevanz des Ereignisses auf die eigene Befindlichkeit hin ein. Wird eine Situation als bedeutungslos oder positiv für das Wohlbefinden bewertet, so entsteht keine Stressreaktion. Wird sie jedoch auf der Basis impliziter Negativerfahrungen oder -erwartungen beurteilt, so wird sie als stressvoll empfunden. In einem zweiten, sekundären Vorgang prüft und bewertet das Individuum das Ereignis auf die ihm zur Verfügung stehenden Reaktionsmöglichkeiten und entscheidet sich entsprechend für eine Handlungsalternative. Welche individuelle Strategie zur Bewältigung (= Coping) einer Stresssituation das Individuum wählt, hängt dabei nach Lazarus zunächst davon ab, ob das Individuum auf eine Veränderung der erlebten Situation oder der damit einhergehenden Emotionen abzielt. Konkret unterscheidet er zwischen 4 Handlungsoptionen: Informationssuche, direktes Handeln, Handlungsvermeidung oder intrapsychische Reaktionen *(vgl. Lazarus, 1995)*.

2.2 Personale Kontrolle und Erlernte Hilflosigkeit

Wie bereits Lazarus, so schreiben auch andere Wissenschaftler in den letzten Jahren insbesondere den innerpsychischen Prozessen, explizit den menschlichen Kognitionen eine hohe Bedeutung hinsichtlich der individuellen Reaktionen auf bedeutende Lebensereignisse und des langfristigen Verhaltens zu.

In diesem Zusammenhang geht das in den 70er Jahren Konzept erarbeitete Konzept der *Personalen Kontrolle* nach dem Psychologen *James R. Averill* zunächst von einem Grundbedürfnis des Menschen aus, Situationen und Ereignisse beeinflussen zu können. Entsprechend problematisch hinsichtlich einer adäquaten Verarbeitung stellen sich daher solche Ereignisse dar, die sich für das Individuum als nicht kontrollierbar erweisen oder so interpretiert werden.

Der amerikanische Psychologe *Martin E. P. Seligman* befasste sich in seiner Theorie der *erlernten Hilfsigkeit* sodann auf der Verhaltensebene gezielt mit den spezifischen Auswirkungen von Ereignissen, die als für ein Individuum nicht beeinflussbar oder kontrollierbar charakterisiert werden können. Er ging davon aus, dass sich bei Personen, die sich mehrfach, anhaltend oder intensiv in Zusammenhang mit bestimmten Ereignissen handlungs- und kontrollunfähig erlebten, die hierdurch erfahrene Hilflosigkeit manifestieren könne. Er spricht dabei von einer dauerhaften, erlernten Reaktion, die im Sinne der Generalisierung dann auch auf Situationen übertragen wird, in denen Kontrolle objektiv durchaus möglich ist. Seligman leitet hieraus eine gewisse langfristige Handlungslähmung bei den Betroffenen ab und erklärt sich so auch die Entstehung spezifischer Formen der Depression („Hilflosigkeitsdepression"). Darüber hinaus stellt er auch Bezüge zu anderen affektiven Reaktionen her, wie beispielsweise Angst als spezifische emotionale Konsequenz einer erlebten Unvorhersehbarkeit von Ereignissen *(vgl. Braukmann & Filipp, 1995)*.

2.3 Einzelereignisanalysen und Entwicklung von Stufenmodellen

Ähnlich wie bei Untersuchungen zur pathogenen Wirkung von Lebensereignissen, so richtet sich der Blick auch bei anderen Forschern ganz gezielt auf einzelne und überwiegend negativ assoziierte Lebensereignisse, denen per se ein belastender Effekt zugeschrieben wird.

Unter erster Vorausschau auf die in Kapitel II beschriebene Untersuchung und die in diesem Zusammenhang aufgeführten Arbeitshypothesen *(vgl. Kapitel 1.1)* sollen im Folgenden zwei Konzepte insbesondere zu Ereignissen aus dem Bereich der „Verlusterlebnisse" näher beschrieben werden.

Der britische Arzt und Psychiater *John Bowlby* beschäftigte sich im Rahmen der von ihm begründeten Bindungstheorie speziell mit Trennungs- und Verlusterlebnissen als belastende Lebensereignisse. Er ging davon aus, dass das Streben nach festen und verlässlichen

Bindungen (wie z.B. Bindung an die Eltern im Kindesalter) zu einem der elementarsten Bedürfnisse des Menschen gehört. Entsprechend stellen Bedrohungen und/oder Zerstörung dieser Bindungen in Form von Verlust eines geliebten Menschen oder Trennung eine besondere Belastung dar.

In zahlreichen Studien, aber vor allem in der Beobachtung von Kindern, die zeitweise von ihren Eltern getrennt wurden oder die in Waisenhäusern ohne feste Bezugsperson aufwuchsen fand Bowlby außerdem, dass die daraus reslutierenden menschlichen Reaktionen nicht nur in starkem Ausmaß, sondern auch in einer stufenweisen Abfolge stattfinden. In der erweiterten Form beschreibt dieses Stufenmodell vier voneinander abgrenzbare Phasen, die auf das direkte Erleben eines drohenden oder realen Objektverlustes erfolgen: 1. Schockphase. 2. Protestphase und Versuch der Rückgewinnung. 3. Verzweiflungsphase, Desorganisation. 4. Phase der Loslösung und Reorganisation. Hinsichtlich der langfristigen Folgen insbesondere bei frühkindlichen Verlusterlebnissen nimmt Bowlby das Eintreten vielfältiger und dauerhafter Entwicklungsbeeinträchtigungen und -störungen an.

Mit dem Verlusterlebnis durch Sterben, jedoch aus der Perspektive des vom Tode selbst Bedrohten, befasst sich die *Elisabeth Kübler-Ross*. Anhand von Fallbeobachtungen eruierte sie fünf verschiedene Stufen in der Auseinandersetzung mit dem eigenen Sterben bzw. dem eigenen Tod: Verleugnen, beispielsweise der tödlichen Diagnose und Isolation (engl. denial), Wut/Zorn (engl. anger), Verhandeln (engl. bargaining), Depression und letztlich das Akzeptieren (engl. acceptance). Einschränkend konstatiert Kübler-Ross, dass nicht jeder Sterbende zwangsläufig alle dieser Stadien durchlebt *(vgl. Rosch Inglehart, 1988)*.

3   Kritische Lebensereignisse und psychische Störungen

Wie bereits von Seligman und auch Bowlby postuliert, kann die dysfunktionale kognitive und emotionale Verarbeitung von Lebensereignissen langfristig zur Entwicklung psychischer Störungen und Erkrankungen führen *(vgl. Kapitel 3)*.

Als eine der ersten beschäftigte sich bereits in den 60er Jahren die Wissenschaftsgruppe um *Holmes, Rahe & Gunderson*, sowie Dohrenwend & Dohrenwend mit der Erforschung von Zusammenhängen zwischen Erkrankungsbildern und vorausgegangenen Belastungssituationen. In dem Versuch einer Operationalisierung kritischer Lebensereignisse präsentierten speziell *Holmes & Rahe* im Ergebnis ein Inventar zur Einschätzung von insgesamt 43 möglichen Lebensereignissen *(Social Readjustment Rating Scale)*, die in Abbildung 1 dargestellt ist.

Trotz aller Kritik aus Wissenschaftskreisen an dem daraus entwickelten standardisierten Fragebogen, dennoch ist das Instrument als erster Versuch, sich dem Thema kritische Lebensereignisse mit empirischen Standards zu nähern, durchaus zu würdigen.

Abb. 1 Social Readjustment Rating Scale nach Holmes & Rahe

216	THOMAS H. HOLMES and RICHARD H. RAHE	

TABLE 3. SOCIAL READJUSTMENT RATING SCALE

Rank	Life event	Mean value
1	Death of spouse	100
2	Divorce	73
3	Marital separation	65
4	Jail term	63
5	Death of close family member	63
6	Personal injury or illness	53
7	Marriage	50
8	Fired at work	47
9	Marital reconciliation	45
10	Retirement	45
11	Change in health of family member	44
12	Pregnancy	40
13	Sex difficulties	39
14	Gain of new family member	39
15	Business readjustment	39
16	Change in financial state	38
17	Death of close friend	37
18	Change to different line of work	36
19	Change in number of arguments with spouse	35
20	Mortgage over $10,000	31
21	Foreclosure of mortgage or loan	30
22	Change in responsibilities at work	29
23	Son or daughter leaving home	29
24	Trouble with in-laws	29
25	Outstanding personal achievement	28
26	Wife begin or stop work	26
27	Begin or end school	26
28	Change in living conditions	25
29	Revision of personal habits	24
30	Trouble with boss	23
31	Change in work hours or conditions	20
32	Change in residence	20
33	Change in schools	20
34	Change in recreation	19
35	Change in church activities	19
36	Change in social activities	18
37	Mortgage or loan less than $10,000	17
38	Change in sleeping habits	16
39	Change in number of family get-togethers	15
40	Change in eating habits	15
41	Vacation	13
42	Christmas	12
43	Minor violations of the law	11

Quelle: Journal of Psychosomatic Research. Vol. 11, pp. 213 to 218. Pergamon Press, 1967. Printed in Northern Ireland.

In den Folgejahren wurden zahlreiche Erhebungsinstrumente in Form von Ereignislisten entwickelt, die mehr oder weniger spezifische Ereignisse im Zuge unterschiedlicher Zielschwerpunkte mittels Befragung untersuchen. Einen Überblick über vorhandene Listen und deren konkreter Ausgestaltung liefern *Filipp & Braukmann (1995)*. Durchaus kritisch bemerken die Autoren hierzu jedoch auch:

> *„Wie die tabellarische Übersicht zeigt, werden bislang vorwiegend objektive und objektivierte Ereignisparameter berücksichtigt; Aspekte der subjektiven Zuschreibung von Merkmalen zu Ereignissen bleiben weitgehend außer acht."* *(Filipp & Braukmann, 1995, S. 94).*

Auch neuere Forschungsergebnisse und -ansätze zum Zusammenhang zwischen kritischen Lebensereignissen und psychischen Erkrankungen sind in der Literatur zu finden. So wird zwischenzeitlich den Auswirkungen kritischer Lebensereignisse allgemein eine hohe Bedeutung für die Genese einer Vielzahl von psychischen Störungen beigemessen.

Effekte in Hinblick auf die Entwicklung depressiver Störungen durch kritische Lebensereignisse untersuchte vor allem die Heidelberger Psychologin *Corinna Reck (2001)*. Stärker noch als einst Seligman konstatiert sie die besondere Relevanz kritischer Lebensereignisse für die Entstehung einer Mayor Depression, lieferte darüber hinaus aber auch Ergebnisse hinsichtlich der Bedeutung von Lebensereignissen für den *Verlauf* von depressiven Erkrankungen.

Daneben wird auch die Entwicklung von Ängsten und Angsterkrankungen mit dem voraus gehenden Erleben kritischer Ereignisse in Zusammenhang gebracht. Insbesondere die Generalisierte Angststörung (GAS) wird als Folge einer Konfrontation mit einzelnen oder auch mehreren kritischen Ereignissen und einem hohen Belastungsempfinden gesehen *(vgl. Kasten, 2003)*.

Zudem werden Formen der Anpassungsstörung wie etwa die der Posttraumatischen Belastungsstörung (PTBS) als Resultat besonders belastender Lebensereignisse angeführt *(vgl. Ehlers, 1999)*. Neueste Forschungen, die sich mit der vergleichsweise jungen Diagnose der so genannten Posttraumatischen Verbitterungsstörung (engl. Posttraumatic Embitterment Disorder, kurz: PTED) befassen, sehen insbesondere in der mangelnden Verarbeitung erlebter Kränkung (z.B. durch Trennung oder Scheidung) einen bedeutenden Faktor und Auslöser für diese spezifische Form der Anpassungsstörung *(vgl. Linden 2005)*.

Nicht zuletzt werden Bezüge zwischen der Entwicklung von Persönlichkeitsstörungen und kritischen Lebensereignissen formuliert, hier insbesondere in Verbindung mit der emotional instabilen Persönlichkeitsstörung vom Borderline-Typus *(vgl. Bohus, 2002)*.

Vor dem Hintergrund der eigenen Fragestellung zu möglichen Zusammenhängen zwischen kritischen Lebensereignissen und Sucht fand sich ein Erklärungsversuch von *Reinecker & Zauner (1983)*. Diese gingen von Erkenntnissen einer Studie der Life-Event-Forschung aus,

> *„wonach eine Anhäufung von Lebensveränderungen als Auslöser oder Ursache exzessiven Alkoholkonsums angesehen wird. Es wurden 25 alkoholgefährdete und 29*

nicht alkoholgefährdete Männer im Alter von 18 bis 24 Jahren mit der LES (G. Brown)[3] nach ihren Lebensveränderungen und Schwierigkeiten in den letzten 5 Jahren befragt. Die Ergebnisse erbrachten deutliche Belege für die Grundhypothese der Life-Event-Forschung. [...] (Reinecker & Zauner, 1983, S.333).

Um die näheren Wirkungszusammenhänge zwischen einzelnen Lebensereignissen, dem Grad der persönlichen Belastung und somit der Erhöhung eines Risikos für die Entwicklung von Alkoholismus zu verdeutlichen, erarbeiteten Reinecker & Zauner ein so genanntes „Additives Schwellenmodell", welches exemplarisch in Abbildung 2 dargestellt ist.

Abb. 2 Beispiel für ein „Additives Schwellenmodell" nach Reinecker & Zauner

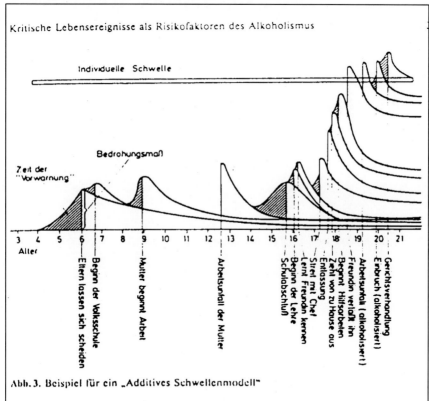

Quelle: Reinecker, H. und Zauner, H.: „Kritische Lebensereignisse als Risikofaktoren des Alkoholismus". In: Archiv für Psychiatrie und Nervenkrankheiten 1983, S. 343

---

[3] Anm. d. Verf.: Gemeint ist das von G. Brown im Jahr 1974 entwickelte „Life Event Schedule" (kurz LES), einem Instrument zur Erhebung von Lebensereignissen und Einschätzung deren Bedrohungsgehaltes (vgl. Filipp & Braukmann, 1998).

Das Modell geht grundlegend davon aus, dass Ereignisse innerhalb der Lebensspanne mit einem bestimmten Maß an Bedrohung für das Individuum einhergehen. Je nach Bedeutungsgehalt des Ereignisses setzt die erlebte Bedrohung entweder plötzlich oder allmählich steigend ein, in jedem Fall klingt sie jedoch immer nur sukzessive wieder ab. So kann es je nach Anzahl der Ereignisse und deren Bedrohungsintensität im Lebenslauf zu einer Kumulation von Bedrohungsbelastungen kommen, die bei Überschreitung eines individuell variierenden Schwellenwertes zu dysfunktionalem Bewältigungsverhalten, in diesem Beispiel einem exzessivem Alkoholkonsum führt. Daraus resultierend wird angenommen, dass sich das Risiko für die Entwicklung einer Alkoholabhängigkeit mit Zunahme der mangelhaften Bewältigung von belastenden Lebensereignissen erhöht.

II Biografische Ereignisse im Spiegel der Sucht – eine Untersuchung

Für die nachfolgende Untersuchung zu Effekten kritischer Lebensereignisse im Kontext von Suchterkrankungen bietet sich vor dem Hintergrund der theoretischen Grundlagen allgemein die klinisch-psychologische Betrachtungsperspektive an, widmet sie sich doch insbesondere den langfristigen negativen Ereigniskonsequenzen im Sinne von Entwicklungsstörungen und Krankheitsentstehung.

1 Planung und Vorbereitung

1.1 Forschungsziele und Fragestellungen

Aus den theoretischen Erkenntnissen und persönlichen Eindrücken in der Behandlung von Suchtpatienten ergab sich die Motivation zur Durchführung einer empirischen Untersuchung zur Sichtweise kritischer Lebensereignisse insbesondere im subjektiven Erleben der Betroffenen. Folgende Arbeitshypothesen werden dabei zugrunde gelegt:

1. *Kritische Lebensereignisse wurden von Suchtkranken nicht adäquat bewältigt.*
2. *Bei der Entwicklung bzw. Aufrechterhaltung von Suchterkrankungen spielen kritische Lebensereignisse vor allem in Form von Verlusterlebnissen, Kränkungen und Enttäuschungen eine besondere Rolle.*
3. *Es gibt Unterschiede zwischen der fachlichen und subjektiven Einschätzung der anhaltenden Auswirkungen kritischer Lebensereignisse.*
4. *Es gibt Unterschiede zwischen der fachlichen und subjektiven Einschätzung der Auswirkungen kritischer Lebensereignisse auf den individuellen Suchtverlauf.*
5. *Einschätzung und Bewertung kritischer Lebensereignisse spielen Persönlichkeitsvariablen eine Rolle.*

Abgeleitet aus den Arbeitshypothesen ergeben sich für die konkrete Umsetzung in Form einer wissenschaftlichen Untersuchung folgende Forschungsfragen:

- ➢ Welche Lebensereignisse spielen für Suchtkranke eine Rolle? Was wird genannt?
- ➢ Gibt es typische Lebensereignisse, die genannt werden?
- ➢ Wie bewerten Suchtkranke die individuellen Auswirkungen Kritischer Lebensereignisse?
- ➢ Wie bewerten Suchtkranke die individuelle Belastung einzelner Kritischer Lebensereignisse?
- ➢ Wie bewerten Suchtkranke die individuellen Auswirkungen Kritischer Lebensereignisse auf ihren Suchtmittelkonsum bzw. ihren Suchtverlauf?
- ➢ Gibt es Zusammenhänge zwischen der Bewertung von kritischen Lebensereignisse und Persönlichkeitsvariablen?

1.2 Auswahlverfahren

1.2.1 Methodenauswahl

Für die Durchführung der Erkundungsstudie wurde zunächst ganz allgemein ein qualitatives Verfahren in Betracht gezogen. Denn auch *Reinecker & Zauner* konstatierten bereits im Jahre 1983:

> *„Zur Erhellung der Unspezifität kritischer Lebensereignisse [...] könnte eine qualitative Analyse der erlebten Schwierigkeiten und ihrer Bewältigung beitragen."*
> *(Reinecker & Zauner, 1983, S. 333).*

Angesichts der zeitlichen Vorgaben und der Praktikabilität wurde des Weiteren die Forschungsmethode der Befragung in Betracht gezogen. Der Vorteil dieser Methode liegt darin, dass in kurzer Zeit eine große Menge Datenmaterial ermittelt werden kann. Weiterhin schien dieses Verfahren geeignet, eine explizite und zielgerichtete Erforschung von Wissensinhalten durch konkrete Erzählaufforderungen und Denkanstöße zu gewährleisten *(vgl. Friebertshäuser, 1997).*

Wie bereits erwähnt verfolgt die Studie das Ziel, subjektive Einschätzungen der Bedeutung kritischer Lebensereignisse für den individuellen Lebenslauf, aber auch Angaben zur eigenen Person zu ermitteln. Nach meiner Auffassung sind derart sensible Aspekte, sollen sie möglichst wahrheitsgetreu beantwortet werden, nur in einem persönlichen und vertrauensvollen Gespräch zu erwerben. Vor diesem Hintergrund wurde die mündliche Form der Befragung, das Interview, als Forschungsmethode gewählt, denn

> *„Interviewtechniken dienen der Erhebung verbaler Daten, der Hervorlockung von Auskünften und Erzählungen des Befragten."* *(Friebertshäuser, 1997, S.374).*

Des Weiteren stellte sich die Frage nach dem Grad der Strukturierung der Interviews. Das heißt u. a., inwieweit die zu stellenden Fragen und Antwortmöglichkeiten vorab festgelegt oder offen gehalten werden sollten. Hierbei ergibt sich häufig folgende Problematik: Eine starke Strukturierung garantiert einerseits eine größere Vergleichbarkeit der Ergebnisse und eine bessere Kontrollierbarkeit der Befragungssituation. Andererseits könnten wertvolle Informationen künstlich zurückhalten werden, indem der Befragte in seinen Erzählungen gehemmt wird. Demgegenüber ruft eine niedrige Strukturierung lediglich eine minimale Beeinflussung hervor und überlässt den Gesprächsverlauf in höherem Maße dem Befragten. Hieraus ergäbe sich allerdings das Problem der mangelnden Vergleichbarkeit der Antworten und ungünstiger Auswertungsbedingungen. Denn je unterschiedlicher sich die Erzählungen der Befragten gestalten, umso schwieriger wird es, geeignete Auswertungskategorien zu bilden *(vgl. Huschke-Rhein, 1991).*
Hierbei galt es also, einen Mittelweg in Form eines teilstrukturierten Verfahrens zu finden.

In Hinblick auf diese Überlegungen fiel die Wahl schlussendlich auf einen empirisch-qualitativen Zugang durch das *Leitfadeninterview*. Kennzeichnend für diese Interviewtechnik ist die Vorabfertigung eines Leitfadens, welcher alle relevanten Fragen und Themenstellungen beinhaltet. Dies erfordert auf Seiten des Interviewers ein thematisches Basiswissen, auf welchem die Fragestellungen aufgebaut werden können *(vgl. Friebertshäuser, 1997)*.

1.2.2 Stichprobenauswahl

Für die Befragung wurden zunächst alle Personen in Betracht gezogen, welche sich zum Zeitpunkt der Untersuchung aufgrund einer Suchterkrankung als Patientinnen oder Patienten in stationärer Entwöhnungsbehandlung in der Klinik Eschenburg befanden.

Die Fachklinik mit ihren 87 stationären Behandlungsplätzen ist seit 1976 spezialisiert auf die Rehabilitation von Abhängigkeitserkrankungen bei erwachsenen Männern und Frauen mit Schwerpunkt auf Alkohol- und Medikamentenabhängigkeit. Polytoxikomane Suchtformen werden behandelt, sofern ein legales Suchtmittel zum Zeitpunkt der Aufnahme im Vordergrund der Suchterkrankung steht. Auch komorbide Störungen als Begleiterkrankungen, hier insbesondere Depressionen, Angst- und Essstörungen, sowie Persönlichkeitsstörungen gehören zum Indikationsspektrum. Angegliedert sind eine Adaptionseinrichtung, Betreutes Wohnen und eine Fachambulanz.

Das Behandlungs- und Rehabilitationskonzept basiert auf einem bio-psycho-sozialen Krankheitsmodell der Abhängigkeitserkrankung, welches die unterschiedlichen Ebenen der Suchtentstehung respektiert. Tiefenpsychologisch fundierte und verhaltenstherapeutisch orientierte Strategien bilden das Grundkonzept der therapeutischen Behandlung. Dies ermöglicht sowohl die entwicklungsspezifischen Persönlichkeitsvariablen mit ihrem Anteil an der Suchtentstehung zu reflektieren, als auch im Sinne einer Verhaltensanalyse die der Suchtentstehung zugrunde liegenden Motivationsaspekte zu eruieren *(vgl. Klinik Eschenburg, 2009)*.

Nach Durchlaufen einer ersten Aufnahmephase werden die Patienten je nach Indikation in eine von insgesamt sieben Bezugsgruppen zugeteilt. Hier erfahren sie für die verbleibende Therapiedauer eine Anbindung an im Durchschnitt 10 Mitpatienten sowie einen festen Bezugstherapeuten. Dieser ist für die gesamte Therapieplanung, Durchführung der Gruppensitzungen und der Einzelgespräche verantwortlich.

Entsprechend dem Konzept der individuellen Bezugstherapie soll der Patient ein enges und vertrauensvolles Arbeitsverhältnis zu seinem Behandler aufbauen, damit Therapieerfolge erzielt werden können.

Aufgrund dieser besonderen Vertrauensbeziehung zum Patienten und zur Gewährleistung möglichst umfassender Informationen sollten für die Studie ausschließlich Patienten aus der eigenen Bezugsgruppe der Interviewerin (Gruppe 7) gewählt werden. Hierbei handelt es sich um eine gemischtgeschlechtliche Gruppe mit Patienten in einer Altersspanne von etwa 20 bis 50 Jahren. Das Indikationsspektrum reicht auch hier von Abhängigkeitserkrankungen bezogen auf rein legale Substanzen, bis hin zu Polytoxikomanie mit vorrangiger Alkoholabhängigkeit, sowie begleitender komorbider Störungen. Z. T. handelt es sich auch um Patienten mit Migrationshintergrund.

Bei der weiteren Auswahl geeigneter Befragungsteilnehmer wurden folgende allgemeine Richtlinien sowie persönliche Kriterien berücksichtigt:

- Der persönliche Therapieprozess darf durch die Untersuchungsteilnahme nicht gestört werden.
- Der Studienteilnehmer sollte bereits mindestens 4 Wochen seiner Therapiezeit absolviert haben.
- Der Studienteilnehmer muss zum Zeitpunkt der Befragung physisch und psychisch stabil sein.
- Der Studienteilnehmer darf keine klinisch auffälligen kognitiven Beeinträchtigungen vorweisen.
- Der Studienteilnehmer muss über hinreichend deutsche Sprachkenntnisse in Wort und Schrift verfügen.
- Die Hauptindikation sollte eine Alkoholabhängigkeit sein.
- Das Alter der Studienteilnehmer sollte möglichst variieren.
- Das Geschlechterverhältnis der Studieneilnehmer sollte möglichst ausgeglichen sein.

Das Prinzip der freiwilligen Teilnahme an der Untersuchung sowie die Gewährleistung von Anonymität und Datenschutz werden als ethische Leitlinien vorausgesetzt.

1.3 Konstruktion des Interview-Leitfadens

Insgesamt wurden sechs Patienten zur Teilnahme einem Interview ausgewählt. Jedes Einzelinterview sollte eine Länge von 60 Minuten nicht unterschreiten, die genaue zeitliche Dauer jedoch flexibel auf die jeweilige Befragungssituation und den Verlauf des Interviews angepasst sein. Das Interview selbst sollte von der betreuenden Bezugstherapeutin und Initiatorin der Untersuchung durchgeführt werden, um dem Patienten eine größtmöglichste Offenheit zu ermöglichen.

Zur Gewährung der wissenschaftlichen Überprüfbarkeit sollten die Einzelinterviews auf Tonband mitgeschnitten und mögliche beobachtbare Auffälligkeiten und persönlichen Eindrücke der Interviewerin in Form von begleitenden Feldnotizen im Interviewverlauf schriftlich festgehalten werden.

Der für die Untersuchung notwendige Leitfaden wurde vor dem Hintergrund des theoretischen Grundlagenwissens und der notwendigen wissenschaftlichen Vorgaben erarbeitet *(vgl. Friebertshäuser, 1997)*. Aufgrund der positiven Erfahrungswerte basiert er in seiner konkreten Ausgestaltung in Grundzügen auf einem Leitfadenkonstrukt einer früheren empirischen Untersuchung *(vgl. Groos, 2003)*.

Im Ergebnis präsentierte sich der Interviewleitfaden wie im Anhang dargestellt.
Zunächst werden Ort, Datum und Uhrzeit des jeweiligen Einzelinterviews festgehalten. Anschließend findet eine grobe Unterteilung in zwei Befragungsbereiche statt.

Bereich I erfragt zum späteren Vergleich drei grundlegende Persönlichkeitsvariablen, nämlich Geschlecht, Alter und vorrangig konsumiertes Suchtmittel des Studienteilnehmers. Auf die Evaluation weiterer Persönlichkeitsmerkmale wurde an dieser Stelle zugunsten des Gesamtvolumens der Leitfadenstruktur verzichtet. Wenn nötig könnten diese überdies später noch im Rahmen der Beschreibung der Fallkonstellation ergänzt bzw. erweitert werden.

In **Bereich II** soll dann der Schwerpunkt auf die weiteren Arbeitshypothesen zur subjektiven Einschätzung relevanter Lebensereignisse gelegt werden. Hier wurde eine Untergliederung in entwicklungsrelevante Teilabschnitte der Lebensspanne eines Menschen (Kindheit, Jugend, Erwachsenenalter) vorgenommen. Dem Befragungsteilnehmer sollte hierdurch eine geläufige und vertraute Strukturierungshilfe geliefert und somit der Einstieg in das Thema erleichtert werden.
Orientiert an den leitenden Forschungsfragen enthält jede der gewählten Kategorien sodann offene Fragestellungen oder Erzählaufforderungen, ohne mögliche Antworten vorzugeben. Um den Befragten dabei gezielt an das Erinnern ganz konkreter und situativer Ereignisse heranzuführen, wurden die Fragen nach dem Trichtersystem formuliert und angeordnet. In diesem Sinne sollte sich der Teilnehmer im Rahmen der beiden ersten Fragestellungen zunächst ganz allgemein an Ereignisse erinnern, welche für ihn im jeweiligen Lebensabschnitt eine besondere Bedeutung hatten oder haben, sein Leben besonders beeinflusst und/oder geprägt haben.
Im folgenden Fragenkomplex wurden die genannten Einzelerinnerungen wieder aufgenommen und der Befragte um nun detaillierte Schilderungen gebeten. Dabei war es von besonderem Interesse, möglichst konzentrierte und gezielte Einzelereignisse zu evaluieren.
Bei Mehrfachnennungen sollte der Fragenkatalog für jedes Einzelereignis jeweils wiederholt werden. Konkret wurden die Befragten dabei aufgefordert, sich an ihre Reaktionen sowie die jeweilig empfundene Belastung zunächst zum Zeitpunkt des Ereignisses selbst zu erinnern und diese einzuschätzen. Um eine subjektive Vergleichseinschätzung zu erleichtern, wurde den Befragten bei Bedarf mündlich eine Skala zur Selbsteinschätzung zur Verfügung gestellt (0 = gar nicht belastend bis 10 = sehr stark belastend).

In einem nächsten Schritt sollten die Befragten die langfristigen Auswirkungen des genannten Ereignisses, also die individuelle Beeinflussung über die Lebensspanne hinweg beurteilen. Auch hier wurde als Hilfestellung wieder die oben genannte Selbsteinschätzungsskala angeboten. In einem letzten Schritt sollten die Teilnehmer bestimmen, inwieweit ihrer Meinung nach das jeweilige Ereignis im Kontext ihrer heutigen Suchterkrankung zu sehen ist bzw. ob es überhaupt eine Rolle im Suchtverlauf spielt *(siehe Anhang, Abb. 4)*.

Da davon auszugehen war, dass die Befragten dennoch einige Zeit benötigen, sich auf die Befragungssituation und das sehr persönliche Thema einzustellen, sollte die Reihenfolge der Fragen möglichst flexibel und offen gehandhabt werden, um auch zu einem späteren Zeitpunkt noch Ergänzungen zu ermöglichen.

Darüber hinaus ergab sich die Überlegung, den Teilnehmern nach ihrer Zustimmung ein Informations- und Anleitungspapier zur Verfügung zu stellen. Dieses sollte die Zielsetzung sowie die relevanten Fragestellungen der Untersuchung noch einmal verdeutlichen, die Gewährleistung der Anonymität persönlicher Daten zusichern und den Patienten bereits vorab auf die Befragung einstimmen. Am Ende wurde dem Teilnehmer das genaue Datum und Uhrzeit für die Durchführung des Interviews mitgeteilt, welches zeitlich stets mind. 10 Tage nach Austeilen der Information terminiert wurde. Auf der Rückseite erhielten die Teilnehmer zudem die Möglichkeit für vorbereitende Gedankennotizen.
Das Anleitungsschreiben ist ebenfalls im Anhang veranschaulicht *(siehe Anhang, Abb. 5 & 6)*.

Nach Erstellung des Interviewleitfadens sowie der Teilnehmerinformation wurden vor dem Hintergrund der genannten Kriterien gezielt sechs Patienten aus der Bezugsgruppe 7 als potentielle Befragungsteilnehmer ausgewählt. Einzelne Fallkonstellationen und hilfreiches Hintergrundwissen zu Patienten, die sich letztlich zur Teilnahme an der Befragung bereit erklärten, werden im folgenden Kapitel dargestellt.

2 Erhebungsphase

2.1 Fallkonstellationen und Hintergrundwissen

Herr G.

Herr G. ist afrikanischer Herkunft und wuchs als zweites von insgesamt vier Kindern bei seinen leiblichen Eltern in Äthiopien auf. Sein Vater war bei der afrikanischen Luftwaffe stationiert, während die Mutter als Sekretärin arbeitete, wodurch die Familie sowohl finanziell gut gestellt war, als auch ein Ansehen in der Gesellschaft genoss. Innerhalb der Familie gab es eine klare und traditionelle Rollenverteilung. Der Vater als Familienoberhaupt sei streng und dominant gewesen, habe über familiäre Angelegenheiten stets bestimmt. Die Mutter scheint sich untergeordnet zu haben und eher emotionale Bedürfnisse befriedigt zu haben. So habe Herr G. mit ihr immer gut über alles reden können.

Herr G. habe insgesamt eine gute Kindheit verlebt, sei gut in der Schule gewesen, habe gute Kontakte zu Gleichaltrigen und viele Hobbys gehabt. Seinen beruflichen Werdegang habe dann jedoch der Vater bestimmt. Während Herr G. selbst sich für den Bereich der Wirtschaft sehr interessierte, habe der Vater ein Studium der Tiermedizin für seinen Sohn gewollt.

So ging Herr G. 1985 im Alter von 19 Jahren zum Studium nach Russland. Hier traf er auf eine ihm völlig fremde Lebens- und Sprachkultur, lernte an der Universität auch viele Studenten aus anderen Ländern und Kontinenten kennen. Seine ebenfalls aus Äthiopien stammende Ehefrau habe Herr G. nach dem ersten Studienjahr in 1986 geheiratet. Im Rahmen von Studentenpartys habe er dann auch gehäufter Alkohol getrunken. Insbesondere habe er, wie in Russland üblich, hochprozentige Spirituosen in Form von Wodka getrunken. Sein Konsum steigerte sich dabei sukzessive.

1991 siedelte Herr G. aufgrund der guten Lebens- und Arbeitsbedingungen als Asylbewerber mit seiner Ehefrau nach Deutschland über und musste sich erneut in einer ihm fremden Welt zurecht finden. Zu diesem Zeitpunkt war sein Alkoholkonsum schon problematisch und es kam zu ehelichen Auseinandersetzungen. Seine Ehefrau forderte die Abstinenz, woraufhin Herr G. auch seinen Konsum gänzlich einstellte.

Die Familie etablierte sich zunehmend in Deutschland, wobei Herr G. nicht in seinem erlernten Beruf als Tiermediziner tätig war. Er ging in ein Industrieunternehmen, wo er bald eine Leitungsposition im Wareneingang erhielt. 1993 und 1994 wurden die beiden gemeinsamen Töchter geboren.

In seiner verantwortungsvollen Position als Abteilungsleiter, zeigte sich Herr G. zunehmend überfordert.

Auch in der Ehe kam es zu einer Krise, da auch seine Ehefrau neben der Kindeserziehung nach Selbstverwirklichung und beruflichem Wiedereinstieg strebte. Die familiären Streitigkeiten und Probleme am Arbeitsplatz nahmen zu und Herr G. versuchte dem zu entfliehen, indem er erstmalig wieder in eine Gaststätte ging. Hier konsumierte er nach 13 Jahren Abstinenz wieder Alkohol, was er fortan allmählich regelmäßiger und verstärkter tat. Zu Hause konsumierte er aus Scham vor den Kindern nie, kam jedoch oft betrunken nach Hause und lag den ganzen Tag schlafend auf dem Sofa.

In 2004 entschloss sich Herr G. dann erstmals für eine stationäre Entwöhnungsbehandlung mit anschließender Adaptionsphase. Bereits zu dieser Zeit trug er sich mit dem Gedanken, sich von seiner Ehefrau zu trennen, entschied sich im Anschluss an die Maßnahme dann jedoch dafür, zu seiner Familie zurückzukehren. Auch beruflich konnte er sich wieder integrieren. Schon bald kamen jedoch alte Auseinandersetzungen wieder auf, die Ehe geriet erneut in eine Krise und Herr G. griff nach seinem gewohnten Verhaltensmuster wieder nach Alkohol. Die familiären Probleme verschärften sich hierdurch, da nun auch die Kinder seinen Konsum kritisierten und ihm mit Ablehnung und Vorwürfen. gegenüber traten. Aus Schuld- und Schamgefühl trank Herr G. noch mehr, verlor schließlich auch seine Arbeitsstelle. Im Jahr 2009 entschied er sich dann erneut für eine stationäre Therapiemaßnahme in der Klinik Eschenburg.

Herr B.

Herr B. ist in ländlicher Region geboren und gemeinsam mit einer zwei Jahre älteren Schwester bei den leiblichen Eltern aufgewachsen. Sein Vater war beruflich als Maurer tätig und wurde als dominant und geradlinig beschrieben. Herr B. habe ihm als Kind viel helfen müssen. Die Mutter war überwiegend Hausfrau und arbeitete nur gelegentlich als Raumpflegerin. Sie wurde als verständnisvoll und beschützend erlebt und Herr B. bezeichnet sie als die engere Bezugsperson seiner Kindheit. Ihre spätere Krebserkrankung, die 1986 tödlich endete, stellte für Herrn B. daher eine besonders starke emotionale Belastung dar.

Bereits als Kind und später auch als Jugendlicher spielte Herr B. leidenschaftlich gerne und erfolgreich Fußball. In seinem Fußballverein trank er dann auch erstmalig Alkohol im Alter von 14 Jahren. Auch während seiner Ausbildung zum Maler und Lackierer war der regelmäßige Alkoholkonsum am Arbeitsplatz oder nach Feierabend üblich. Zu dieser Zeit lernte Herr B. auch seine heutige Ehefrau kennen, die er 1981 heiratete. Aus dieser Ehe gingen dann auch die heute 25 und 28 Jahre alten Töchter hervor. Die Familie baute ein Haus, wo sie bis 2003 gemeinsam mit dem gesundheitlich zuletzt sehr stark beeinträchtigten Vater des Herrn B. zusammen lebten. Dieser verstarb in 2003 im Alter von 69 Jahren an einem Pankreaskarzinom.

Herr B. ist beruflich bereits seit einigen Jahren als Papiermachergehilfe im Drei-Schicht-Betrieb in einer ortsansässigen Firma tätig. Seine Ehefrau ist Erzieherin und geht einer Halbtagsbeschäftigung im Kindergarten nach. Herr B. ist überdies ein geselliger Typ, der früher schon in diversen Vereinen und natürlich auch im Fußball aktiv war. Er beschreibt gute Sozialkontakte in seinem privaten Umfeld.

Bezüglich seiner Suchterkrankung beschreibt Herr B. eine allmähliche und schleichende Steigerung seiner Trinkmenge und zunehmende Verregelmäßigung. Im Laufe der Jahre scheint sich dann ein gewohnheitsmäßiger Trinkstil entwickelt zu haben. Die Funktionalität seines Trinkens kann er nicht genau benennen. Insbesondere mögliche Zusammenhänge zum Tod der ihm sehr nahestehenden Mutter und der daraus zu vermutenden Trauerreaktion negiert er. Mit zunehmendem Alkoholkonsum und schleichender Entwicklung einer Suchterkrankung traten dann charakteristische Folgeerscheinungen in Form von familiären Spannungen bis hin zu Trennungsabsichten seiner Ehefrau auf. Auch wurde er am Arbeitsplatz durch eine Alkoholfahne auffällig, so dass er sich im Jahr 2001 erstmalig für eine stationäre Therapiemaßnahme in der Klinik Eschenburg entschied und anschließend seine Abstinenz für sieben Jahre halten konnte.

Während seine Vorgesetzten am Arbeitsplatz über seine Suchterkrankung informiert waren, verschwieg Herr B. jedoch sein Alkoholproblem im direkten Kollegenkreis aus Angst vor unangenehmen Reaktionen. Im Rahmen einer betrieblichen Weihnachtsfeier kam es dann zum erneuten Rückfall, bei dem Herr B. aber zunächst nur geringe Mengen Alkohol konsumierte. Im Folgenden mehrten sich dann die Anlässe, bei denen Herr B. wieder zum Alkohol griff und es stellte sich allmählich wieder die Überzeugung ein, den Alkoholkonsum möglicherweise doch kontrollieren zu können. Die Trinkmenge und -häufigkeit stieg dann jedoch allmählich wieder an. Herr B. konsumierte bald wieder täglich, griff schließlich aufgrund der massiven körperlichen Toleranzentwicklung und damit einhergehender nachlassender Alkoholwirkung auch auf hochprozentige Spirituosen zurück. Im Verlauf stellten sich dann auch noch körperliche Entzugssymptome ein, die er mit einem zuletzt auf eine halbe Flasche Wodka täglich gestiegenen Alkoholkonsum zu bekämpfen versuchte. Seine Bemühungen, den neuerlichen übermäßigen Konsum zu verbergen scheiterten zusehends und es kam wiederholt zu Auseinandersetzungen mit der Ehefrau sowie Auffälligkeiten am Arbeitsplatz.

Trotzdem Herr B. nach erfolgter Entgiftungsbehandlung bereits im Dezember 2008 aus eigenen Kräften seine Alkoholabstinenz halten konnte, entschied er sich dennoch für eine erneute stationäre Entwöhnungsbehandlung in der Klinik Eschenburg

Frau M.

Frau M. wuchs zusammen mit einem vier Jahre älteren Bruder bei den leiblichen Eltern auf. Diese seien als Hausmeisterehepaar in selbständiger Tätigkeit beschäftigt gewesen. Ihren Vater erlebte Frau M. als vor allem verbal überlegen und mächtig. Die Mutter hingegen beschreibt sich als zurückhaltend und untergeordnet. Sie habe das Verhalten des Vaters oft entschuldigt.

Ingesamt erlebte Frau M. innerhalb der Familie in ihrem subjektiven Empfinden nur wenig Wertschätzung und Anerkennung ihrer Person. Sie habe daher immer das Gefühl gehabt, den Ansprüchen und Erwartungen ihrer Eltern nicht zu genügen und zunächst versucht, die Dinge besonders gut zu machen. Auch das Verhältnis zu ihrem älteren Bruder wurde von Frau M. als konfliktbehaftet und angespannt erlebt.

Erst später im Therapieverlauf berichtete Frau M. von einem Ereignis, als sie ca. 6 Jahren gewesen war. Sie erinnerte sich, beim Spielen auf dem Dachboden des elterlichen Wohnhauses den Vater bei dem Versuch eines Suizides vorgefunden habe. Ihre Angaben diesbezüglich sind ungenau, auch widersprüchlich. So schilderte sie, der Vater habe mit einem Strick um den Hals am Fenster gehangen, zugleich aber auch auf der Erde gesessen. In Panik habe Frau M. dann versucht, ihn hochzuheben, was ihr nicht gelungen sei. Sie sei daraufhin zur Mutter gelaufen, um Hilfe zu holen.

Bereits als Kind litt Frau M. außerdem sehr stark unter der Hauterkrankung Neurodermitis. Als sie 10 Jahre alt war, wechselte die Familie kurzzeitig den Wohnort, worauf Frau M. mit einer massiven Verschlechterung ihres Hautbildes reagierte. Erst mit Rückkehr an den früheren Wohnort nach drei Jahren reduzierten sich die Symptome dann wieder.

Als Jugendliche beschreibt sich Frau M. eher unkonventionell und flippig. Mit 16 Jahren sei sie erstmalig mit Alkohol in Kontakt gekommen, habe jedoch nur gelegentlich, immer moderat und nur in Geselligkeit getrunken. Auch habe sie das ein oder andere Mal illegale Drogen ausprobiert, jedoch zunächst nie in abhängigem Maße konsumiert. Im Alter von 23 Jahren spritzte sie dann erstmalig auch Heroin und entwickelt hier rasch eine starke körperliche Abhängigkeit. Fortan bewegte sie sich regelmäßig und überwiegend in der Drogenszene, auch in Partnerschaften spielten Drogen und später auch Alkohol immer eine zentrale Rolle. Sie geriet in kriminelle Kreise und musste für die Beschaffung der Droge immer wieder persönliche Gefahren eingehen. Besonders stolz ist sie jedoch auf die Tatsache, dass sie sich nie prostituiert habe, um an Geld oder Drogen zu kommen. Vielmehr habe sie kreative Ideen entwickelt, potentielle Freier zu überlisten und zu betrügen.

Mit 25 Jahren absolvierte Frau M. dann aufgrund ihrer Opiatabhängigkeit eine erste stationäre Therapie. Hier lernte sie einen ebenfalls drogenabhängigen Mann kennen, den sie 1994 dann auch heiratete. Ihre Abstinenz konnten beide Partner nicht lange halten, konsumierten weiter gemeinsam Heroin und lebten in einem überwiegend konsumierenden Umfeld. Erst in 2000 begab sich Frau M. in eine methodegestützte Substitutionsbehandlung. Ihre Ehe scheiterte ein Jahr später, doch Frau M. hielt an ihrem Versuch fest, den Drogen zu entkommen. In 2006 konnte sie die Heroinentwöhnung dann erfolgreich abschließend und lebt seither gänzlich abstinent von Drogen.

Kurz nach Abschluss des Methadonprogramms lernte Frau M. ihren heutigen Partner kennen, der unter einer Alkohol- und Cannabisabhängigkeit leidet. Innerhalb dieser Beziehung steigerte sich ihr eigener und bis dato unauffälliger Alkoholkonsum rapide. Frau M. trank schließlich exzessiv, entwickelte starke körperliche Entzugssymptome und litt rasch unter einem ausgeprägten Suchtverlangen (Craving). Zuletzt konsumierte sie eine halbe Flasche Wodka täglich. Zwischen ihr und dem Partner kam es daneben wiederholt zu massiven Auseinandersetzungen, z. T. mit Gewaltausbrüchen von beiden Seiten. So entschied sich das Paar in 2009 schließlich zu einer gemeinsamen Paartherapie ihrer Suchterkrankung in der Klinik Eschenburg.

Herr L.

Herr L. wuchs als jüngstes von drei Kindern in ländlicher Umgebung auf. Seine beiden Schwestern sind 1 und 6 Jahre älter. Den Vater, der beruflich auf Montage im Ausland gewesen sei, sah Herr L. nur selten. Er telefonierte häufig mit ihm, wobei der Vater dann viel geprahlt und versprochen habe, was er jedoch nicht gehalten habe. Als Erziehungsperson habe er Herrn L. sehr gefehlt. Die Mutter war als Verwaltungsangestellte halbtags beschäftigt und wurde von Herrn L. als psychisch instabil, aufbrausend und schnell überfordert wahrgenommen. Gelegentlich habe sie die Kinder auch geschlagen. Sie sei zudem medikamentenabhängig gewesen. Die Großmutter, die ebenfalls mit im Haus gewohnt habe, beschreibt Herr L. als seine wichtigste Bezugsperson in der Kindheit. Sie sei 1987 verstorben.

Die Beziehung zu seiner ältesten Schwester sei immer sehr angespannt gewesen, wohingegen er zur jüngeren und fast gleichaltrigen Schwester eigentlich ein positives Verhältnis gehabt habe. Sich selbst beschreibt Herr L. als Kind eher ruhig und zurückhaltend. Die Schule sei ihm eher schwer gefallen, Kontakte zu Schulkameraden und Freunden hätten aber bestanden.

Als Herr L. 15 Jahre alt war, kam der Vater zwar aus dem Ausland zurück nach Deutschland, es sei jedoch bald die Trennung der Eltern erfolgt. Herr L. und die beiden Schwestern seien bei der Mutter geblieben, er habe jedoch immer telefonischen Kontakt zu seinem Vater gehalten.

Die Mutter habe schließlich in 2005 durch eine Überdosis Tabletten Selbstmord begangen.

Mit Suchtmitteln kam Herr L. im frühen Jugendalter erstmalig in Kontakt. Mit 14 Jahren probierte er zum ersten Mal Alkohol, mit 15 Jahren Cannabis und Nikotin, mit 16 Jahren Ecstasy, Speed und Kokain. Ab dem 20. LJ konsumierte Herr L. außer Cannabis dann keine illegalen Substanzen mehr, steigerte aber zugleich seinen Alkoholkonsum rapide. Er zeigte sich schon bald unfähig, längere Zeit auf Alkohol zu verzichten, verlor zunehmend die Kontrolle über die Trinkmenge und entwickelte zudem körperliche Entzugssymptome. Zuletzt trank er täglich ca. 12 bis 15 Flaschen Bier, zusätzlich Wein und hochprozentige Spirituosen. Vom 24. bis 28. LJ. nahm er dann auch kein Cannabis mehr ein, erst in den letzten 1,5 Jahren wieder regelmäßiger.

In 2006 lernte Herr L. seine letzte Partnerin kennen und das Paar zog bald zusammen. Die Beziehung erwies sich jedoch als sehr instabil und es kam oft zu Konflikten und Auseinandersetzungen. Die Partnerin kritisierte Herrn L.'s massiven Alkoholkonsum, seine alkoholische Eifersucht und zumindest verbale Aggressivität in alkoholisiertem Zustand. Im Erleben von Herrn L. wird die Partnerin als dominant und ihn unterdrückend beschrieben, sie habe seine Gutmütigkeit oft ausgenutzt und Lügen über ihn verbreitet. Die Situation eskalierte schließlich in einer tätlichen Auseinandersetzung, nach welcher die Partnerin zur Schwester des Herrn L. floh, um anschließend Strafanzeige wegen Körperverletzung zu stellen. Da die Angaben nicht der Wahrheit entsprochen hätten, sei Herr L. sehr erregt gewesen. Es. wurde ihm daraufhin untersagt, die gemeinsame Wohnung noch einmal zu betreten.

In seiner Verzweiflung und in der Erkenntnis, dass es so nicht weitergehe, wandte sich Herr L. an eine Suchtberatungsstelle und trat schließlich seine erste Entwöhnungsbehandlung in der Klinik Eschenburg an.

Frau P.

Frau P. ist gemeinsam mit einer eineiigen Zwillingsschwester zunächst in Polen bei den leiblichen Eltern aufgewachsen. Als die Kinder fünf Jahre alt waren, siedelte die Familie nach Deutschland über. Der Vater war beruflich als Kraftfahrer tätig und wurde von Frau P. als nur wenig präsent erlebt. In der Kindeserziehung sei er überdies sehr streng aufgetreten, habe nie Emotionen gezeigt. Die Mutter arbeitete als Krankenschwester und wurde im Gegensatz zum Vater als überaus emotional, stark umsorgend und überbehütend beschrieben. Frau P. erlebte sie warmherzig einerseits, aber andererseits auch impulsiv und vorwurfsvoll. Die Beziehung zur Zwillingsschwester war in der Kindheit recht innig, wurde jedoch im Laufe der Jahre aufgrund der gegensätzlichen Entwicklung immer konflikthafter.

Während Frau P. selbst eher still und zurückhaltend gewesen sei, schlug die Schwester immer mehr in die mütterliche Richtung, also einerseits hilfsbereit und herzlich, aber auch verletzend, beleidigend und stur. Insgesamt sei das Zwillingspaar materiell eher verwöhnt worden, beide hätten stets bekommen, was sie wollten. Demgegenüber hätten klare Erwartungen seitens der Eltern bestanden, denen sich die Schwester sehr gut und Frau P. selbst vor allem innerlich nur schlecht habe unterordnen und anpassen können.

Als Frau P. sieben Jahre alt war, kam es zu einem sexuellen Missbrauchserlebnis durch ihren Cousin. Sie habe sich damals hilflos, ohnmächtig und ängstlich gefühlt, sich aber dennoch ihren Eltern anvertraut. Diese hätten ihr zwar Glauben geschenkt, jedoch habe die Tante (Mutter des Cousins) das Ereignis stark bagatellisiert, was Frau P. massiv kränkte und die negativen Gefühle weiter verstärkte. Im weiteren Verlauf wurde das Ereignis innerhalb der Familie eher tabuisiert, erst in den letzten Jahren könne Frau P. wieder mit den Eltern darüber sprechen. Eine psychologische Begleitung gab es im Kindesalter nur in ersten Ansätzen, weil Frau P. eine Behandlung ablehnte.

Im frühen Jugendalter fing Frau P. dann an, erstmalig gegen die Eltern zu rebellieren, indem sie heimlich Drogen und Alkohol konsumierte, sich tätowieren und piercen ließ. Da sie schon früh unter starken Selbstzweifeln und Unzufriedenheit mit sich und ihrem Aussehen litt, begann sie ab dem 11. Lebensjahr mit dem Versuch, durch gelegentliches Erbrechen nach einer Mahlzeit ihr Körpergewicht zu halten. Später Habe sie sich außerdem durch gelegentliches Ritzen der Arme mit scharfen Gegenständen selbst verletzt.
Frau P. schilderte darüber hinaus, seit ihrem 12. LJ unter Ängsten, Depressionen und starken Stimmungsschwankungen zu leiden.

Im Alter von 16 Jahren konsumierte Frau P. bereits regelmäßig Alkohol, probierte aber auch illegale Drogen wie Ecstasy, Kokain, Cannabis, Meskalin und Kokain aus. Zur gleichen Zeit zog Frau P. aus dem elterlichen Haushalt in eine eigene Wohnung im gleichen Wohnhaus. Die Eltern kontrollierten sie jedoch weiterhin, machten ihr Vorschriften und schienen ihr eine eigenständige Lebensführung nicht zuzutrauen.

Ab dem 18. LJ nahm sie zunächst keine Drogen mehr ein, brach den Kontakt zur Szene ab, jedoch stieg ihr Alkoholkonsum im Folgenden massiv an. Zu dieser waren die Selbstzweifel bis hin zum Selbsthass wieder so stark, dass sich Frau P. einer chirurgischen Brustvergrößerung unterzog.
Mit 21 Jahren konsumierte sie zusätzlich kurzzeitig in Zusammenhang mit ihrer Berufsausbildung Speed. Aus Angst vor einem langfristigen Abfall schulischer Leistungen stelle sie dies jedoch bald wieder ein.

Seit dem 17. LJ Jahren hatte Frau P. bereits ihren ersten festen Freund. Die Beziehung hielt 4 Jahre an und war geprägt von psychischer und physischer Gewalt und Repression seitens ihres Partners. Nach der endgültigen Trennung konsumierte Frau P. etwa 2l Wein täglich.

Bald lernte sie ihren heutigen Partner kennen, zog auch mit diesem kurzzeitig zusammen. Zu dieser Zeit bestimmte Alkohol schon ihren Tagesablauf und Frau P. ließ sich zur Verheimlichung ihrer wahren Trinkmengen vielfältige Strategien und Maßnahmen einfallen.

In 2007 erlitt Frau P., die sich schon früh eigene Kinder gewünscht hatte, eine Fehlgeburt, was sie massiv belastete. Sie entwickelte starke Schuldgefühle, ging sie doch davon aus, durch ihren Alkoholkonsums zum Abort beigetragen zu haben. Auch seitens der Familie erhielt sie ähnliche Anschuldigungen. Als sich dann auch noch ihr Partner kurzfristig von ihr trennte, unternahm Frau P. einen appellativen Suizidversuch.
Nach kurzer psychiatrischer Behandlung integrierte sich Frau P. wieder rasch in ihren Alltag, kam auch mit dem Partner wieder zusammen. Ihr Trinkverhalten war jedoch weiterhin angestiegen. Zuletzt war Frau P. gezwungen, bis zu 3l Wein am Tag oder gezielt hochprozentige Spirituosen (Wodka) zu konsumieren, um die gewünschte Wirkung zu erzielen. Sie litt unter körperlichen Entzugssymptomen, zunehmender Gereiztheit und offensiver Aggressivität und konnte ihr Trinken kaum mehr verbergen. Es kam wiederholt zu Konflikten mit ihrem Partner, welcher ihren Konsum zu kontrollieren versuchte, jedoch immer an der mangelnden Offenheit und Verheimlichungsversuchen von Frau P. scheiterte.

Nach einer ersten Entgiftungsbehandlung trat Frau P. zur weiteren Behandlung ihrer Suchtmittelabhängigkeit ihre erste stationäre Entwöhnungsbehandlung in der Klinik Eschenburg mit den Begleitdiagnosen einer Essstörung vom bulimischen Typus und einer emotional- instabile Persönlichkeitsstörung an.

Frau S.

Frau S. wuchs gemeinsam mit zwei älteren und einem jüngeren Bruder bei den leiblichen Eltern auf. Der Vater war beruflich als Maurer tätig. Er wird als ruhig, gelassen und häuslich beschrieben. In der Erinnerung der Patientin war er stets eine Respektsperson und sie selbst erlebte sich oft als „Papas Liebling". Die Mutter war zunächst Hausfrau, ging später aber auch wieder einer Arbeit außer Haus nach. Insgesamt sei sie sehr arbeitsam gewesen, habe sich aufopfernd um die Familie gekümmert. Sie sei aber auch oft nervös, perfektionistisch und ausgesprochen ordnungsliebend gewesen.
Die Familie habe immer viel miteinander unternommen und mit den drei Brüdern sei „immer was los gewesen". Frau S. habe sich gegenüber den Brüdern oft durchsetzen müssen, sei insgesamt ein „wildes" Kind gewesen.

Mit Alkohol kam Frau S. im Alter von 15 Jahren erstmalig in Kontakt. Sie trank zunächst nur gelegentlich auf Festen und Partys, jedoch in Maßen, da stets auch ihre Brüder „auf sie aufgepasst" hätten.

1979 verstarb der Vater plötzlich und unerwartet infolge eines Berufsunfalls auf einer Baustelle. Als „Mitte der Familie" habe er fortan sehr gefehlt.

Ein Jahr später heiratet Frau S. erstmalig. Aus dieser Ehe gingen zwei Töchter (1982 und 1984) hervor. Das Verhältnis zu ihrem Ehemann sei zwar gut gewesen, dennoch hatte Frau S. das Gefühl, „er sei nicht der Richtige". Sie trennte sich daher in 1985 von ihm, ließ sich scheiden. Das Verhältnis sei dann weiterhin gut gewesen, weshalb sie auch der Tod des Ex-Mannes und Vaters ihrer Töchter im Jahr 2007 infolge von Krebs sehr traf.

1988 heiratete Frau S. erneut, im gleichen Jahr kam auch noch der gemeinsame Sohn zur Welt. Das Familien- und Eheleben stellte sich für Frau S. fortan immer sehr harmonisch und positiv dar, Probleme habe es aus ihrer Sicht nie gegeben. Auch als Paar habe man sich oft mit Freunden getroffen und gesellige Abende mit moderatem Alkoholkonsum erlebt.

In 2005 starb ihr ältester Bruder im Alter von 53 Jahren nach langem Leiden schließlich an den Folgen seiner Krebserkrankung, was Frau S. zwar belastete, jedoch nicht zu einem weiteren Anstieg ihres Trinkens führte.

Viel mehr erschütterte Frau die plötzliche Trennung ihres Ehemannes nach 19 Jahren Ehe wegen einer anderen Frau. Frau S. war zutiefst verletzt, gekränkt, fühlte sich „als ob mir der Boden unter den Füßen weggezogen wurde". In ihrem Alltag begegnete sie auch häufig dem Ehemann mit der neuen Partnerin, erfuhr durch Bekannte von diversen Gerüchten über die andere Frau, was sie wiederholt kränkte, zunehmend aber auch wütend werden ließ. Zu diesem Zeitpunkt begann Frau S. allmählich, ihre schlechten Gefühle mit Alkohol zu betäuben. Ihre Trinkmenge steigerte sich im Laufe der Jahre zusehends, sie zog sich immer mehr von Kontakten zurück, entwickelte starke Schuldgefühle und versuchte, ihren Konsum vor Anderen zu verbergen. Darüber hinaus entstanden Symptome einer depressiven Störung in Form von Antriebslosigkeit und anhaltender Traurigkeit.

Als ihre Mutter im Jahr 2008 ebenfalls an Krebs erkrankte und pflegebedürftig wurde, trank Frau S. bereits täglich 1 bis 2 Flaschen Wein. Dennoch versorgte sie die Mutter weiter aufopfernd, verlor aber zwischenzeitlich wegen Fahrens unter Alkoholeinfluss den Führerschein. Mit dem Tod der Mutter entschied sich Frau S., endlich etwas für sich tun zu wollen und ihre Suchterkrankung behandeln zu lassen.

Nach ihrer Scheidung Anfang 2009 lebt Frau S. seit einigen Monaten wieder in einer festen Partnerschaft, jedoch in getrennten Wohnungen, was ihr sehr wichtig ist. Sie bewohnt weiterhin das gemeinsam mit ihrem Ex-Mann gekaufte Haus, zusammen mit ihrem Sohn, der jüngeren Tochter und deren Lebensgefährten. In ihrem gelernten Beruf als Zahnarzthelferin war Frau S. wegen Erziehungszeiten schon lange nicht mehr tätig. Mehrfach war sie in den letzten Jahren bei Zeitarbeitsfirmen in diversen Arbeitsfeldern

(Fließband, Lagerarbeit etc.) tätig. Zuletzt arbeitete sie auf 400 €-Basis als Verkäuferin in einem Imbiss. Sie ist nun arbeitslos.

Frau S. trat ihre erste Entwöhnungsbehandlung mit einer hohen Eigenmotivation an und absolvierte ihre Therapiemaßnahme innerhalb der genehmigten 12 Wochen.

2.2 Allgemeiner Interviewverlauf

Nach persönlicher Ansprache und Aufklärung über Studieninhalte haben sich letztlich alle der ausgewählten Patienten zur Teilnahme an der Untersuchung bereit erklärt.
Einen ersten Überblick bezüglich ihrer Persönlichkeitsvariablen soll Tabelle 1 liefern.

Tab. 1 Übersicht: Persönlichkeitsvariablen der Studienteilnehmer

Interview-Nr.	Geschlecht	Alter	Suchtmittel	Komorbiditäten
I	♂	44	**Alkohol** **Nikotin**	mittelgradige depressive Episode
II	♂	49	**Alkohol** **Nikotin**	---
III	♀	42	**Alkohol,** Heroin	V.a. posttraumatisches Belastungs-syndrom (PTBS)
IV	♂	31	**Alkohol,** **Cannabis** Amphetamine, Halluzinogene, Kokain	rezidivierende depressive Episode, gegenwärtig remittierend
V	♀	25	**Alkohol,** Cannabis, Amphetamine, Kokain	Bulimia nervosa, emotional instabile Persönlichkeitsstörung
VI	♀	52	**Alkohol** **Nikotin**	Rezidivierende depressive Störung, gegenwärtig remittierend

Lediglich der dem Interview Nr. II zugeordnete Patient zeigte sich anfangs noch zögerlich. Zu seinen Motiven konnte er keine konkreten Angaben machen, er schien jedoch tendenti-ell mit der Vielzahl von Anforderungen in der Therapie zu diesem Zeitpunkt überfordert. Während er daher spontan zunächst ablehnte, konnte er in einem erneuten eigeninitiierten Gespräch seine Bedenken ausräumen und erklärte sich letztlich glaubhaft mit der Teilnah-me einverstanden. Er verblieb daher vorläufig in der ursprünglichen Teilnehmerplanung.

Im Folgenden wurde ein dezidierter Zeitplan erstellt, innerhalb dessen die Einzelinterviews zeitlich terminiert wurden. Selbstverständlich immer unter der Maßgabe, auf eventuelle Störungen und notwendige Veränderungen im Ablauf flexibel reagieren zu können.

Insbesondere bezüglich der Nennung mutmaßlich hochgradig belastender Ereignisse wurden besondere Überlegungen angestellt. So sollten diese durch Lenkung der Interviewerin im Befragungsablauf so platziert werden, dass sie möglichst wenig aktuelle Belastung produzieren. Strategisch wurde dabei, wenn möglich, die Positionierung möglichst im Verlauf der Befragung gewählt. So erhielt der Befragte die Möglichkeit, sich auf die Konfrontation mit der Thematik einzustellen, aber auch, sich durch Berichte über weitere Lebensereignisse auch emotional wieder distanzieren zu können.

Dennoch wurde bei jedem Studienteilnehmer sein Befinden am Ende des Interviews erfragt, um notfalls stabilisieren zu können. Waren im Vorfeld der Interviewerin einzelne Belastungserlebnisse bereits bekannt, wurde die derzeitige psychische Stabilität des Teilnehmers vorab noch einmal genau geprüft und eine möglichst präzise Einschätzung der aktuellen Belastbarkeit vorgenommen. Hierbei erwies es sich von Vorteil, dass die Interviewerin mit den Befragten bereits seit einiger Zeit in therapeutischem Kontakt stand und somit bereits eine tragfähige Arbeitsbeziehung aufgebaut hatte.

Zwischenzeitlich erhielten die Patienten die Möglichkeit, sich auf die Befragung vorzubereiten, aber auch mögliche Fragen und aufkommende Unsicherheiten im Therapiealltag noch klären zu können.
Alle Interviews konnten dann wie geplant stattfinden.

2.3 Ergänzende Eindrücke und Problematiken

Allgemein wurde bereits im direkten Interviewverlauf deutlich, dass die genannten Erinnerungen und lebensgeschichtlichen Erfahrungen nicht immer als konkrete Einzelereignisse klar voneinander abzugrenzen oder zu separieren waren. Vielmehr waren Ereignisschilderungen oftmals in lebensgeschichtliche Zusammenhänge eingebettet, wiederholten sich manchmal thematisch und waren somit als individuell bedeutsamer Ereignis*komplex* zu sehen.

Aufgrund der sich hieraus ergebenden Vielzahl, Komplexität und auch Inhomogenität in den Aussagen war davon auszugehen, dass eine Auswertung deutlich erschwert werden würde. Vor diesem Hintergrund und zur besseren Analyse und Vergleichbarkeit von Aussagen wurde daher die Entscheidung für die Erstellung von Tonband-Transkripten gefällt.

Darüber hinaus ergaben sich aber auch Besonderheiten in den Einzelinterviews. Es fiel zunächst auf, dass keiner der Befragungsteilnehmer die Möglichkeit für schriftliche

Notizen auf dem Informationsblatt *(siehe Anhang, Abb. 6)* zur Vorbereitung auf das Interview genutzt hatte. Dennoch schienen sich alle zumindest gedanklich mehr oder weniger auf die Interviewsituation und die kommenden Fragen eingestellt zu haben.

Interview Nr. I: Herr G. präsentierte sich zu Beginn der Befragung verunsichert. Er hatte sich im Vorfeld des Interviews zwar mit prägenden Lebensereignissen befasst, äußerte sich aber auch über deren Bedeutung und „Verwertbarkeit" für das Interview besorgt. Während er also einerseits darum bemüht schien, „gute Antworten" zu finden, so entstand andererseits zunächst kein zwangloser Redefluss. Ein weiterer Hinderungsgrund lag dabei auch in seinem Bemühen, trotz seiner guten Sprachkenntnisse immer die korrekten deutschen Begrifflichkeiten zu finden, wodurch Lücken in seinen Erzählungen entstanden. Es bedurfte daher in der direkten Befragungssituation immer wieder der nonverbalen Unterstützung und Ermunterung seitens der Interviewerin, beispielsweise durch aufforderndes und bestätigendes Kopfnicken.

Interview Nr. II: Nachdem von Herrn B. noch einmal seine Motivation, nun doch an der Befragung teilnehmen zu wollen geprüft und bestätigt wurde, zeigte er sich in der Interviewsituation freundlich und vordergründig aufgeschlossen. Offensichtlich schien er sich auf die Fragen vorbereitet zu haben, da er rasch einen Einstieg in ein flüssiges Erzählen fand. Dabei war er um ein lockeres und „unbeeindruckt" wirkendes Auftreten bemüht, lachte oder lächelte häufig. Es entstand jedoch auch der Eindruck, dass Herr B. trotz seines freien Berichtes versuchte, die Kontrolle über den Interviewverlauf und das, was er zu offenbaren bereit war, zu behalten versuchte. Konkret versuchte er daher insbesondere zu Befragungsbeginn, den Fokus zunächst auf Ereignisse zu lenken, die überwiegend positiv konotiert waren. Im Verlauf schien Herr B. dann allmählich Struktur und Aufbau der Fragen, den „roten Faden" erkennen zu können, wodurch er sich zwar zu entspannen schien, jedoch auch gelegentlich der Interviewerin ins Wort fiel. Unangenehme Erinnerungen und Ereignisse konnten zwar auch thematisiert werden, jedoch zeigte sich Herr B. um sachliche Schilderungen bemüht. Eine spürbare Emotionalität und/oder gar Belastung präsentierte er nicht, weshalb sich die Vorgabe einer Belastungsskala als eher rationales Einschätzungsinstrument für diesen Befragungsteilnehmer als besonders geeignet herausstellte.

Während Herr B. bezogen auf sein Trinkverhalten und seine Sucht offen berichtete, so neigte er überdies dennoch zu verallgemeinernden Erklärungen oder sprach oft nicht in der ersten Person, sondern sprach von „man" oder „du". Er nutzte außerdem auch Verallgemeinerungen, wie „Da wurde viel getrunken." oder „Da gab es viel Alkohol." Darüber hinaus verwendete Herr B. oft Füllsätze wie „Sag ich mal" oder „Muss man sagen". Ausgehend von der Annahme, dass Herr B. sich trotz seiner generalisierten Aussagen dennoch auf die eigene Person bezog, konnte er seine innerliche Abwehr negativer

Lebensereignisse und Verdrängung der damit verknüpften schlechten Gefühle dann auch konkret benennen *(vgl. Kapitel 3.2.2)*.

Interview Nr. III: Frau M. zeigte kaum Berührungsängste und hatte sich spontan und ohne zu überlegen für die Teilnahme an der Befragung bereit erklärt. Sie gab an, sich schon einmal vor einigen Jahren für eine Praktikantin in der Psychiatrie als „Fallbeispiel" zur Verfügung gestellt zu haben. Im Interview wirkte sie dann aber zunächst unsicher und äußerte zuvor die Befürchtung, keine oder nicht ausreichend prägende Lebensereignisse benennen zu können. In die Befragungssituation selbst fand sie dennoch einen guten Einstieg. Sie berichtete einerseits flüssig, jedoch auch gedanklich unsortiert. Es schien, dass die starke Strukturierung des Interviews für Frau M. hilfreich war, einzelne Ereignisse für sich zu filtern und zu ordnen. Sie fiel dennoch der Interviewerin noch vor Ende einer Fragestellung oft ins Wort und erweckte den Eindruck, in ihren eigenen, angestrengt wirkenden Überlegungen verhaftet zu sein. In der Einschätzung ihrer jeweiligen Belastung von Ereignissen tat sich Frau M. besonders schwer und konnte auch die vorgegebene Belastungsskala kaum für sich nutzen.

Insgesamt fiel Frau M. in ihren Schilderungen besonders durch eine jugendliche Ausdrucksweise auf, die in Anbetracht ihres Alters ungewöhnlich erschien.

Interview Nr. IV: Von allen Teilnehmern erschien Herr L. in der anfänglichen Befragungssituation am unsichersten. So wirkte er in seinem Habitus nervös, spielte mit den Fingern, nahm nur zögerlich seinen Platz ein. Er äußerte auch klar, sich ängstlich zu fühlen, noch viele Fragen zu haben, die folglich zunächst umfassend geklärt werden mussten. Nach intensiver Vorbereitung zeigte sich Herr L. dann deutlich beruhigter und stellte noch einmal klar, dass er das Interview unbedingt durchführen wolle. Mit Beginn der Befragung wirkte Herr L. dennoch weiterhin um einen positiven Eindruck bemüht, schien „gefallen zu wollen". Auch hier konnte sich Herr L. mittels bestätigender Gesten und Mimik der Interviewerin im Verlauf dann entspannen, wurde zunehmend unbefangener und selbstsicherer in seinem Antwortverhalten. Befragt nach seinem Empfinden nach Beendigung des Interviews schätzte Herr L. seine anfänglichen Befürchtungen und Ängste sogar als unbegründet ein und vermittelte diesbezüglich Erleichterung.

Darüber hinaus gab er auch an, von der Befragung profitiert zu haben. Er habe hierdurch deutliche Redundanzen in seinem Lebenslauf erkannt, könne nun noch mehr Zusammenhänge zwischen prägenden Lebensereignissen und seiner Suchtentwicklung wahrnehmen und letztlich ein besseres Verständnis für seine individuelle Suchtgeschichte erhalten.

Interview Nr. V: Frau P. zeigte sich in der Befragungssituation ebenfalls sehr bemüht, einzelne Lebensereignisse so umfassend wie möglich darzustellen. Von allen Teilnehmern konnte sie am ausführlichsten von einzelnen Lebensereignissen berichten, ihre jeweiligen Gefühle und Belastungen sehr präzise beschreiben. Entsprechend ergab sich hierbei ein im

Vergleich zu den übrigen Interviews größeres Gesprächsvolumen in der Tonbandaufzeichnung. In der retrospektiven Bewertung des Interviewverlaufes schilderte Frau P., selbst überrascht über ihr Erinnerungsvermögen zu sein. Sie habe zu Beginn darüber hinaus erwartet, möglicherweise mit der Darstellung ihrer Lebensereignisse überfordert zu sein, was sie trotz konkreter Nachfrage durch die Interviewerin zuvor nicht geäußert hatte. Am Ende habe sie sich jedoch durch das Erzählen eher entlastet gefühlt.

Interview Nr. IV: Frau S. vermittelte im gesamten Befragungsablauf die größte Selbstsicherheit und Angstfreiheit. Insgesamt neigte sie dazu, sich in ihren Erzählungen zu verlieren und musste daher wiederholt auch zur Struktur der Befragung zurückgeführt werden. Frau S. schilderte darüber hinaus eine Vielzahl an überwiegend positiven Erinnerungen an Lebensphasen. Insbesondere in Bezug auf ihre persönliche Entwicklung in Kindheit und Jugend betonte sie gehäuft, dass sie hierin keinerlei Zusammenhänge zu ihrer Suchterkrankung sehe. Auf Berichte über negative Lebensereignisse ließ sich Frau S. zwar auch mühelos ein, zeigte dann aber deutliche Gefühlsreaktionen. An einer Stelle bat sie sogar darum, die Möglichkeit einer Unterbrechung des Interviews nutzen zu dürfen. Frau S. berichtete später, sie sei sich hierdurch klar darüber geworden, wie stark sie belastende Gefühle wie im Interview aufgetreten, vormals zurückgehalten und schließlich auch mit Alkohol betäubt hätte. Sie fühlte sich im Anschluss an die Befragung erleichtert.

3. Präsentation der Ergebnisse

3.1 Kategorienbildung

Nach Erstellung der Interview-Transkripte wurden diese zunächst einzeln gesichtet. Wie schon in *Kapitel 2.3* erwähnt, fiel dabei auf, dass die Teilnehmer z.T. konkrete Einzelerlebnisse benennen konnten, häufig aber auch ganze Erlebniskomplexe schilderten, thematische Zusammenfassungen vornahmen und diese bei Nachfrage im Interview-Verlauf dann aber auch mit Beispielsituationen näher kennzeichnen und charakterisieren konnten. Für eine geeignete Auswertung und Vergleichbarkeit wurden daher ausschließlich diejenigen genannten biografischen Erlebnisse als kritische Lebensereignisse angenommen, die nicht abstrakt blieben und letztlich durch die Teilnehmer zu konkretisieren waren. Diese wurden dann innerhalb der Transkripte farblich markiert und mit einer einfachen fortlaufenden Nummerierung (E1, E2 usw.) versehen.

In einem nächsten Schritt wurde anhand der leitenden Arbeitshypothesen folgendes Kategoriensystem zur späteren individuellen Zuordnung des Datenmaterials entwickelt:

Kategorie A (Persönlichkeitsvariablen) umfasst in erster Linie die im Rahmen des Interviews erhobenen Persönlichkeitsmerkmale wie Alter, Geschlecht und vorrangiges Suchtmittel. Daneben werden hier aber auch Daten aus vorausgegangenen Anamneseprozessen hinzu gezogen, die sich auf weitere Erfahrungen mit anderen Suchtmitteln sowie auf diagnostizierte psychische Zusatz- oder Begleitstörungen (Komorbiditäten) beziehen.

In **Kategorie B (Art der genannten Ereignisse)** sollen die von den Befragten als prägend genannten Lebensereignisse aufgeführt werden. Sofern detaillierte Schilderungen in Hinblick auf den Ereignisverlauf, Hinweise auf die persönlichen Hintergründe und andere relevante Informationen vorliegen, sollen diese zum Verständnis der besonderen Bedeutung des Ereignisses hinzugefügt werden.

Kategorie C(Individuelles Belastungserleben eines Ereignisses) beschreibt gezielt die retrospektive Wahrnehmung und das individuelle Belastungserleben durch das Ereignis bei dem Studienteilnehmer. Unterschieden wird dabei zwischen der empfundenen Belastung zum Zeitpunkt des Ereignisses selbst und im weiteren Lebensverlauf bis heute, also der anhaltenden Belastung.

Zuletzt wird in **Kategorie D (Individuelle Bedeutung für den Suchtverlauf)** die persönliche Einschätzung der Studienteilnehmer über mögliche Zusammenhänge zwischen den genannten Ereignissen und der Entwicklung bzw. Aufrechterhaltung ihrer Suchterkrankung dargestellt.

Eine *fachliche* Einschätzung und Bewertung von kritischen Lebensereignissen für den persönlichen Erkrankungsverlauf der Teilnehmer soll in *Kapitel 3.4* noch präziser angestellt werden. Auf eine gesonderte Kategorie im Auswertungssystem wurde vor dem Hintergrund der Schwerpunktsetzung auf die persönlichen Wahrnehmungen und Interpretationen der Studienteilnehmer an dieser Stelle daher verzichtet.

Eine Übersicht über Inhalte der gewählten Kategorien bietet Tabelle 2.

Tab. 2 Übersicht der Auswertungskategorien und deren Inhalte

KATEGORIEN		INHALTE
A	Persönlichkeitsvariablen	Erhobene Persönlichkeitsmerkmale wie Alter, Geschlecht, konsumierte Suchtmittel, Komorbiditäten
B	Art der genannten Ereignisse	Detaillierte Schilderung des Ereignisses in Hinblick auf Verlauf, Hintergründe und andere relevante Zusammenhänge
C	Individuelles Belastungserleben eines Ereignisses	Subjektive Wahrnehmung und Erleben der Belastung durch das Ereignis zum Zeitpunkt seines Geschehens, im Verlauf und/oder zum heutigen Zeitpunkt
D	Individuelle Bedeutung für den Suchtverlauf	Subjektive Einschätzung möglicher Zusammenhänge zwischen dem Ereignis und der Suchterkrankung

3.2 Zuordnung des Datenmaterials

Im Folgenden wurden mittels Durchsicht der Interview-Transkripte die konkreten Aussagen der Studienteilnehmer dem erarbeiteten Kategoriensystem zugeordnet. Dabei lag der Fokus insbesondere auf den von den Teilnehmern als belastend bewerteten und/oder als in Verbindung mit dem Suchtverlauf stehenden Lebensereignissen. Erlebnisse und Erfahrungen, die weder als belastend, noch als relevant für den Suchtverlauf interpretiert wurden, sollen in der folgenden Darstellung der individuellen Einschätzungen daher stets nur kurze Erwähnung finden.

3.2.1 »Er hat sein Soldatenleben auch nach Hause mitgebracht.« (Interview I)

A   Persönlichkeitsvariablen

Herr G. ist 44 Jahre alt und alkohol- und nikotinabhängig. Neben seinen Hauptsuchtmitteln hat er mit keinen anderen psychotropen Substanzen Erfahrungen gemacht. Diagnostisch war bei Aufnahme darüber hinaus eine mittelgradige depressive Episode feststellbar. Auf das Vorliegen weiterer Komorbiditäten besteht kein Verdacht.

B   Art der genannten Ereignisse

Herr G. konnte insgesamt sieben verschiedene, voneinander abgrenzbare Lebensereignisse benennen, die seiner Einschätzung nach für seine Entwicklung bzw. seine Biografie von besonderer Bedeutung oder Prägnanz waren.

Im Bereich der Kindheit berichtete er zunächst davon, oft den Wohnort und somit auch die Schule gewechselt zu haben **(E1)**. Dies sei stets mit der Notwendigkeit verbunden gewesen, sich neu zu integrieren und Herr G. schilderte offen seine damaligen Ängste.

In besonderer Erinnerung waren Herrn G. außerdem die gemeinsamen Familienausflüge ans Rote Meer oder Besuche bei seiner Großmutter in seinem Geburtsort **(E2)**.

Er sei spät in die Pubertät gekommen, aber stets ein guter Schüler gewesen, habe gerne ab der 9. Klasse das Internat besucht und viel Sport getrieben. Immer häufiger sei es ab dem 15./16. LJ jedoch dann zu Streitsituationen mit seinem Vater gekommen, der streng, kontrollierend und reglementierend beschrieben wird. Bis zum 19. LJ habe es mehrfach in der Woche Auseinandersetzungen mit dem Vater gegeben, beispielsweise wegen „zu spät kommen". Der Vater habe dann oft laut geschrien oder Beleidigungen geäußert (» Du bist blöd. «) **(E3)**.

Als weiterhin prägend benannte Herr G. seine Abreise aus Äthiopien nach Russland und die dortige anschließende 7-jährige Studienzeit. Erstmalig sei er von zu Hause weg gewesen, ohne elterlichen Rückhalt, auf sich allein gestellt. Bewusst sei ihm dies im Flugzeug geworden, wo er die zuvor zurückgehaltenen Tränen nicht mehr habe unterdrücken können. Angekommen in Russland habe er sich in einer fremden Kultur und im Umfeld seiner Studienkollegen mit unterschiedlichsten Nationalitäten, Mentalitäten und religiösen Hintergründen auseinandersetzen müssen **(E4)**.

Weiterhin nannte Herr G. seine Übersiedlung nach Deutschland im Jahr 1991 **(E5)**. In diesem Zusammenhang berichtete er auch von seinem Einstieg in das Erwerbsleben und der raschen Übernahme einer Leitungsfunktion im Wareneingang seiner damaligen Arbeitgeberfirma **(E6)**.

Nicht zuletzt finden die Geburten der beiden Töchter im Jahre 1993 und 1994 als subjektiv bedeutende Lebensereignisse Erwähnung **(E7)**.

C   Individuelles Belastungserleben

Von den genannten Ereignissen empfand Herr G. zum Zeitpunkt ihres Geschehens drei als gar nicht belastend. Die übrigen Ereignisse (E1, E3, E4 und E6) wurden in Anteilen oder gänzlich als Belastung erlebt.

- *E1: Schulwechsel*

Herr G. war durch den häufigen Wohnortwechsel seiner Familie oft gezwungen, sich in neuen Umgebungen zurecht zu finden. Damit verbunden wechselte er auch häufig die Schule, allein im Rahmen der sogenannten elementary school bis zur 6. Klasse dreimal. Er musste sich also bereits als Kind immer wieder in neue Schüler- und Klassengemeinschaften integrieren, seinen Platz neu finden, was für ihn stets mit Ängsten und Unsicherheiten einherging.

> » Weil als Kind, wenn man von einer Schule zur anderen geht, das ist auch mit Angst verbunden. «

Damit verknüpft erinnert sich Herr G. an eine Situation, in der er sich gegenüber einem gleichaltrigen Jungen besonders durchsetzen und behaupten musste.

> » Als Junge, ich weiß nicht, wie es damals in Deutschland lief... Es gab auch eine Hierarchie[4] in der Klasse. « [...] » Ja, die Jungen hatten zum Beispiel, da gab es einen... Rudelführer. « [...] » Und dann, ja, kam ich in die Schule. Ja, einer wollte mich schon erst einmal auf die Probe stellen, Kraftprobe oder was weiß ich. Dass er mir zeigt, dass er das Wort oder das Sagen hat. «

In der körperlichen Auseinandersetzung mit dem Mitschüler erlebte sich Herr G. nach seinen Angaben zunächst zwar deutlich belastet, jedoch nur kurz anhaltend, da er sich hierdurch bald akzeptiert und in die „Rangordnung" der Mitschüler aufgenommen empfand. Die Erfahrung, sich dem Rivalen körperlich entgegengestellt und sich somit letztlich Respekt verschafft zu haben, scheint eine positive Erlebenskonsequenz dargestellt zu haben.

> » Nein, er hatte Respekt vor mir, weil ich habe ihn nicht nur verprügeln lassen, ich habe mich mit ihm auch richtig geprügelt. Ja, und dann hat er mich in Ruhe gelassen. « [...]
> » Respekt, ja. Ich wollte ihm gar nicht seinen Platz nehmen oder was weiß ich. Ich hatte meine Ruhe. «

- **E3: Konflikte mit dem Vater**

Mit einem hohen Ausmaß an Belastungen scheinen die anhaltenden Konflikte mit dem dominierenden Vater einhergegangen zu sein (Skala: 9). Herr G. beschreibt, dass es mehrmals in der Woche zu Streitsituationen gekommen sei.

Dabei spielten offenkundig das Erziehungsverhalten des Vaters und sein Umgang eine tragende Rolle, insbesondere als Herr G. in die Pubertät kam.

> » Den Streit mit dem Vater habe ich irgendwann angefangen groß zu schreiben, vorher hat mich seine Kontrolle oder seine Aussagen nicht gestört, aber als ich Teenager war, war es zuviel für mich. «

Einzelne Streitereignisse scheinen sich dabei in Hinblick auf ihre Grundthematik wiederholt zu haben.

> » Es gab oft, wenn ich zum Beispiel eine halbe oder eine Stunde später aus der Schule kam, ja dann gab's Ärger. Weil er hatte immer eine feste Arbeitszeit und kam immer nach der Arbeit nach Hause, ging nicht raus oder in die Kneipe oder zu Freunden, er wartete bis die Kinder vollständig zu Hause waren. Er hat sein Soldatenleben eben auch nach Hause mitgebracht. «

---

[4] Anm. d. Verf.: Der Befragte hatte an dieser Stelle Probleme mit der korrekten Aussprache des Begriffes. Zum besseren Verständnis für den Leser wurde das Originalzitat daher leicht abgeändert.

Der militärische und kontrollierende Erziehungsstil einerseits, aber auch verbale Beleidigungen und lautes Schreien sind Herrn G. dabei besonders in Erinnerung geblieben. Dabei dürfte letztlich die Summierung einzelner Streitsituationen für das Anhalten des angespannten Verhältnisses und damit auch der Belastung bis heute verantwortlich sein.

> » Ja. Wenn er anruft, wenn er mir manchmal Rat geben will, dann kommt das bei mir hoch. Dann sage ich ihm das auch, jetzt lass mich in Ruhe. « [...] » Ich erwarte dann, dass er das zugibt, aber er sagt immer nur: „Das habe ich für dich gemacht." Weil er beleidigt oder schreit, das habe ich bis jetzt noch nicht vergessen. «

Herr G. ist grundsätzlich der Überzeugung, dass sein Vater sein Leben und seine Persönlichkeit nachhaltig geprägt hat. Trotz der erlebten Belastung durch seine Strenge betont er aber auf die Frage nach den Auswirkungen der ständigen Konflikte mit dem Vater auch die aus seiner Sicht positiven Konsequenzen seines Erziehungsstils und letztlich die „Aufopferung" des Vaters zugunsten seiner Ausbildung.

> » Ich denke, dass er mein Leben geprägt hat. Ja, ich bin heute so, weil er... vielleicht wäre ich woanders noch schlechter, wenn er nicht so stark gewesen wäre. Er hat auch alles aufgegeben, damit ich weiter lernen kann. Das Internat war auch teuer. «

Letztlich stellt sich für Herrn G. der Vater als Leitfigur einerseits, aber andererseits auch als Gegenmodell für die eigene Kindererziehung dar.

> » Ja, ich habe auf ihn geschaut. Ich meine, mein Verhältnis zu meinen Kindern, ich bin lockerer zu meinen Kindern. Ich mache nicht, was er gemacht hat. «

- ● *E4: Studienzeit in Russland*

Aufgewachsen und sozialisiert in Afrika stellte das Studium in Russland eine besondere Veränderung seines Lebensumfeldes für Herrn G. dar. Bezogen auf die Belastung schilderte er anfangs ein starkes Ausmaß, insbesondere am Tag seiner Abreise, die ein initiales Ereignis darstellte.

> » Oh ja. Ich habe erst Spaß gehabt, meine Eltern haben geweint, aber ich nicht. Das war für mich wie ein Heldentum *(lacht),* nicht zu weinen. Aber im Flugzeug habe ich dann geweint. « [...] » Da fliegt man 10 Stunden, war noch niemals weit entfernt von seinen Eltern. Ich wusste, dass ich nicht zurück kommen kann am Wochenende oder zu Weihnachten oder was weiß ich. « [...] » Ich war sehr jung, 19 oder 20 Jahre. Das erste Mal ohne Eltern wegzugehen. Und in der ehemaligen Sowjetunion mit Menschen zusammenzuleben, die von überall auf der Welt sind. Von Lateinamerika, Fernost, Europa, Afrika. «

Die Konfrontation mit der fremden russischen Kultur einerseits, aber auch mit den aus der ganzen Welt stammenden Studienkollegen wird zunächst als belastend, später eher als „bereichernd" beschrieben.

> » [...] Aber das erste Mal war es schwer. Erstens, wir haben keine gemeinsame Sprache, einer spricht Englisch, Deutsch oder Französisch oder Spanisch, Portugiesisch, Arabisch,

Afghanisch. « […] » Ja, so viele Sprachen. Und dann in der Klasse waren wir eine sehr internationale Gruppe, das ist nicht leicht, meine ich. Wenn man keine Erfahrung hat, überhaupt keine Erfahrung im Leben. «

Bezüglich des Anhaltens der Belastung konnte Herr G. verhältnismäßig genaue Angaben machen. Er beantwortete die Frage, wie lange ihn dieses Ereignis beschäftigt habe, wie folgt:

> » Ja, mit der neuen Umgebung und verschiedenen Leuten so sechs Monate. Erstens die Persönlichkeiten und zweitens hatte jeder eigene Eigenschaften oder eigene Mentalität. Ja, das dauert eine Zeit. Und äthiopische Studenten waren auch dort. «

Als Resümee dieses Lebensereignisses führt Herr G. überwiegend positive Auswirkungen auf seine Persönlichkeitsentwicklung an, die ihn auch nachhaltig geprägt hätten.

> » Erstens, wenn man keine Erfahrung hat, sind die Vorurteile hoch. Aber, der Unterschied zwischen verschiedenen Kulturen ist nur einfach… es sind die gleichen Menschen, aber mit unterschiedlichen Mentalitäten oder Kulturen. « […] » Ja…. Toleranter, und die Religionen auch. Ich meine… Nicht nur die Kultur, sondern auch die Religionen waren sehr unterschiedlich. «

Schlechte Erinnerungen hingegen verbindet er nur wenige mit der erlebten Vielfalt und den jeweiligen Unterschieden. Konkret befragt nach den von ihm erwähnten etwa 1 Prozent negativer Aspekte der Nationenvarietät, antwortet er nur vorsichtig und vage.

> » Ja, z. B. eine Gemeinschaft oder Religion… Ich will gar keine Religion nennen, aber es gibt Religionen, die Gewalt predigen oder… Ich weiß nicht viel von dieser Religion, aber…«

- *E6: Übernahme einer Leitungsfunktion im Beruf*

Nachdem er sein Studium beendet hatte, siedelte Herr G. 1991 nach Deutschland über. Dieses Ereignis selbst beschreibt er nicht als sonderlich prägend, jedoch sein damit verbundener Eintritt in das Berufsleben.

Trotzdem Herr G. nicht in seinem studierten Beruf als Tiermediziner arbeitete, so konnte er sich in dem ihn beschäftigenden Unternehmen doch offenkundig beweisen und erhielt rasch eine Beförderung. Jedoch schildert er sich in seiner neuen Position als Leiter des Wareneinkaufs deutlich überfordert.

> » Ich habe bis dahin nur gelernt, war nur in der Schule. Ich kam nach Deutschland und da habe ich angefangen zu arbeiten. Mein erster Arbeitsplatz war hier in Deutschland. « […]
> » Und dann nach wenigen Jahren wurde ich schon Leiter, obwohl das schwer war. Schwer, weil das war zu schnell für mich. « […] » Das war meine erste Arbeitsstelle im Leben, ich habe nie gearbeitet, nie … man muss erst die Erfahrung haben. «

Die erlebte Belastung ergibt sich für Herrn G. zum einen aus den an ihn gestellten fachlichen Aufgaben. Zum anderen beschreibt er jedoch auch, mit den Anforderungen in seiner Position als Vorgesetzter nicht zurecht gekommen und sich gegenüber seinen Mitarbeitern oft streng und hart gezeigt habe.

» Ja. Das ist auch belastend, wenn du keine Ausbildung hast. Kommen auch viele Fragen, es fehlt nicht nur die Erfahrung, du musst auch bereit sein, Antwort zu geben. Die Fachausdrücke…« […] » Ja, ich habe nur meinen Arbeitsplatz gesehen. Ich meine, ich kam immer pünktlich zur Arbeit und die Anderen mussten dann auch pünktlich sein. Wenn einer sagte, er ist krank, er fühlt sich nicht gut, habe ich kein Mitgefühl gehabt. «

Da er selbst zu dieser Zeit gänzlich abstinent gelebt habe, habe er sich auch gegenüber Alkohol am Arbeitsplatz kaum tolerant gezeigt. Um sein „Fehlverhalten" zu untermalen, führt er überdies ein konkretes Beispiel an:

> » Wenn damals einer betrunken zur Arbeit gekommen wäre, hätte ich ihn gleich nach Hause geschickt. Ich hab keine menschliches Verständnis gehabt. Und dafür muss man auch erst die Erfahrung haben und zu allerletzt auch die Fachkenntnisse haben. « […]
>
> » Ja, da war ein Neuer, der hatte überhaut keine Lust zu arbeiten, aber mein Umgang war auch nicht richtig. Ich hab ihm gesagt: „Geh weg von hier. *(spricht ganz leise)* Komm nicht in diese Abteilung, geh zu meinem Vorgesetzten, damit du nicht mehr hier bist." «

Später sei dem Mitarbeiter gekündigt worden, was Herrn G. noch im Interview bedrückt wirken lässt.

Insgesamt beschreibt Herr G. bezüglich dieses Lebensereignisses im Gegensatz zu seinen Erfahrungen im rahmen des Studiums keine nachlassende, sondern vielmehr eine sich immer stärker aufbauende Belastung in seiner Leitungsposition. Bezogen auf die vorgegebene Einschätzung auf einer Skala von 0 bis 10 antwortete Herr G.:

> » Zuletzt war es 7, 8. «

D   Individuelle Bedeutung für den Suchtverlauf
Eine individuelle Bedeutsamkeit für die Entwicklung seiner Alkoholabhängigkeit konnte Herr G. in Verbindung mit zwei der genannten Ereignisse benennen.

Wie bereits erwähnt, präsentiert sich Herrn G. Verhältnis zu seinem Vater sehr ambivalent. Während er die Konflikte und Auseinandersetzungen mit dem Vater betont, so stellt er zugleich auch die positiven Seiten heraus, hier auch insbesondere in Hinblick auf den Umgang des Vaters mit Alkohol.

> » Ich weiß nicht, er war immer zu Hause, er war immer da. Obwohl die letzte Zeit meiner Jugend hat er mir sehr viel Ärger gemacht, aber… er war immer da für uns. Ich habe ihn nur einmal alkoholisiert gesehen. Sonst trinkt er nicht. «

Die Strenge und Kontrolle des Vaters führte jedoch auch dazu, dass Herr G. seinen Alkoholkonsum bereits im Jugendalter zu verbergen versuchte und heimlich erste Erfahrungen im Kontakt mit Suchtmitteln machte.

» Er hat damals gar nichts erlaubt, in die Disko gehen als Jugendliche, dass wir uns mit unseren Freunden treffen. Ich habe meinen ersten Alkohol auch versteckt getrunken, bin in die Disko gegangen. Habe ich Ihnen gar nicht erzählt. «

Um nicht vom Vater ertappt zu werden, trank Herr G. nicht nur heimlich, sondern auch rasch. Interessant ist, dass er dieses Konsumverhalten auch später und auch im Zuge seiner Alkoholsucht noch beibehielt.

» Ja, und wenn ich mich jetzt erinnere, dann tue ich das auch noch heute, ich trinke ganz schnell. Und damals habe ich das auch gemacht. Ich habe das erste Mal gezittert, Angst gehabt, dachte dass ich schnell trinken muss. Aber bis jetzt. Jetzt hab ich zwar keine Angst mehr, aber dieses Verhältnis ist immer noch, wenn ich Alkohol trinke, dann schnell, schnell, schnell. «

Auch seine Studienzeit in Russland bewertet Herr G. als einflussreich für die Entwicklung seiner Sucht, da er sich hier typische und normative Trinkgewohnheiten wie rasches Trinken und Konsum hochprozentiger Spirituosen in großen Mengen angeeignet habe.

» [...] Ja, ich habe auch dort getrunken. Wir haben immer Partys gemacht, samstags oder freitags. Und in Russland trinkt man nicht so langsam, immer sofort ein volles Glas Wodka austrinken. « [...] » Ich habe Ihnen ja auch schon gesagt, dass ich schnell trinke und auf einmal. Wenn ich eine Flasche Schnaps oder Cognac oder Wodka habe, trinke ich das auf einmal. Diese Flachmänner auch. « [...] » Eigentlich lernt man dort trinken. «

3.2.2 »Der Sport hat mein Leben bestimmt.« (Interview II)

A   Persönlichkeitsvariablen

Herr B. ist 49 Jahre alt und alkohol- und nikotinabhängig. Neben seinen Hauptsuchtmitteln hat er mit keinen anderen psychotropen Substanzen Erfahrungen gemacht. Diagnostisch besteht kein Verdacht auf das Vorliegen weiterer Komorbiditäten.

B   Art der genannten Ereignisse

Herr B. zeigte sich trotz seines anfänglichen Zögerns bezüglich einer Teilnahme an der Studie letztlich im Interview recht offen und gesprächig. Insgesamt konnte er sechs Lebensereignisse aufführen, die er für biografisch relevant und prägend für seine Entwicklung empfand.

Bereits zu Beginn der Befragung nannte Herr B. seine besondere Leidenschaft für den Sport, hier insbesondere das Fußballspielen (E8). Seine Erlebnisse in diesem Zusammenhang sind zwar überwiegend positiv, jedoch berichtete er auch von Konflikten mit seinem Vater, der den sportlichen Ehrgeiz nicht unterstützt und das Engagement seines Sohnes nicht gut geheißen habe (E9). Damit einhergehend führt Herr B. auch den Beginn seiner ersten Lehre als Maler und Lackierer an, die er auf Wunsch des Vaters absolvieren musste

(E10). Weiterhin schildert Herr B. seine Erfahrungen im Rahmen der Bundeswehrzeit **(E11)**. Nicht zuletzt berichtet er von der besonderen Bedeutung seiner Ehefrau und der Heirat im Alter von 23 Jahren **(E12)**, sowie der Geburten seiner beiden Kinder, die aufgrund ihrer thematischen Gleichheit zusammengefasst wurden **(E13)**.

C   Individuelles Belastungserleben

Insgesamt konnte sich Herr B. auf die Beschreibung einer eventuellen Belastung einzelner Lebensereignisse oder Erfahrungen z.T. nur schwer einlassen. Durch die konkrete Fragestellung und Hinführung im Rahmen des Interviewleitfadens konnte er dann aber auch über unangenehme Gefühlserlebnisse im Zusammenhang mit den genannten Ereignissen berichten.

So benannte Herr B. letztlich bei drei der Ereignisse eine auftretende Belastung zumindest zum Zeitpunkt ihres Geschehens (E9, E10 und E11).

- *E9: Konflikte mit dem Vater*

Bereits seit dem Kindesalter spielte Herr B. aktiv und mit großer Freude Fußball in einem Verein. Er scheint hier gute Leistungen erbracht und im Laufe der Jahre zahlreiche Erfolgserlebnisse verbucht zu haben. Nicht ohne Stolz berichtet er von seinen Erfolgen und wie er sich im Laufe seiner Jugend immer mehr verbessert habe.

> » [...] Das war für mich sehr prägend, Fußball. Weil das habe ich ziemlich früh angefangen, auch schon mit 7 Jahren... Ja, und auch gut gespielt, sag ich mal und...dann ging das natürlich immer weiter bergauf *(lächelt)*. Ich will mal so sagen, Du hast zweimal in der Woche Training gehabt und Spiel dazu und so weiter und das hat mir auch sehr viel Spaß gemacht, muss ich sagen. « [...] » Weil ich ja viel weg war dann, zum Training immer oder nach der Schule schon auf dem Trainingsplatz war, weil ich immer für mich dann alleine schon die Herausforderung gesucht habe zum Spielen, dass ich immer ein bisschen besser werde. « [...] » Wir waren eigentlich ziemlich erfolgreich, muss ich sagen. In der Kindheit Kreismeister zu werden oder so, das ist schon gut, möchte ich dazu sagen. Das ist natürlich ein Ereignis, das man selten hat. « [...]

Insgesamt sah sich Herr B. durch die Erfolge in seiner Leistungsbereitschaft angespornt. Der Fußball scheint letztlich eine zentrale Rolle in seinem Leben gespielt zu haben.

> » Und ich war natürlich auch der Meinung, ich müsste mehr haben oder ich brauchte mehr. Und dann habe ich auch den Verein gewechselt und so weiter und so, bin dann höher, hab ich höhere Klassen gespielt und so. « [...] » Und dann musste auch mehr trainiert werden und so weiter, dass ich die Leistung auch bringen kann. Das heißt nicht nur zwo oder dreimal Training machen, sondern fast jeden Tag. « [...] » Der Sport hat mein Leben bestimmt, ja. Auf alle Fälle bis zu einem gewissen Alter. «

Herr B. erlebte sich jedoch insbesondere vom Vater in seinem Ehrgeiz nicht ausreichend unterstützt und in seinem Können nur wenig anerkannt.

» Und natürlich von zu Hause her, wurde das nicht so angenommen. Also, meine Mutter, ja, die hat das gefördert, mein Vater eigentlich nicht so. Und da waren wir immer so ein bisschen im Klinsch, sag ich mal. Damals schon. « [...] » Weil es gab ja immer wieder Ärger, weil ich ja kaum zu Hause war. Ich möchte da nicht sagen, die Schulnoten hätten darunter gelitten, aber ein bisschen würde ich schon sagen, weil ich hauptsächlich im Sport da war. « [...] » Er wollte das nicht. Weil ich zu Hause mehr machen sollte. Mal ganz einfach gesagt, Straße kehren oder so etwas oder Rasen mähen oder was halt so anliegt. Und ich, nein, ich bin auf den Sportplatz gelaufen. Und da hat mich meine Mutter immer unterstützt noch, die hat dann immer geschlichtet *(lächelt)*. «

Neben den Auseinandersetzungen um das Thema Fußball scheint es jedoch auch Konflikte in anderen Themenzusammenhängen gegeben zu haben. So sei Herr B. im Jugendalter in seiner Freizeit zunehmend auch in anderen Vereinen aktiv geworden, habe altersentsprechend auch am Abend regelmäßiger mit Freunden etwas unternommen und im Zuge dessen auch Alkohol getrunken. Dies habe schließlich wieder neues Konfliktpotential mit dem Vater geboten.

» Da ging es in der Jugend auch so weiter, da geht man ja auch abends weg, sag ich mal, nach der Konfirmation dann oder... durfte man ja auch schon mal offiziell was trinken. Und, dann ging man auch abends weg, Dorfkneipen, will ich mal sagen und, ja, da wurde dann auch bisschen was getrunken. Und dann wurde das ja auch spät, naja, 1 Uhr oder dann wurde es auch 2 Uhr, 3 Uhr bis ich nach Hause kam und morgens wieder aufstehen. Dann, och, Schule oder später dann die Arbeit. Das war dann immer bisschen schwierig *(lacht)*. « [...] » Und da war auch immer der Konflikt, wer abends saufen kann, kann morgens auch wieder auf die Arbeit. « [...] » Obwohl er ja auch kein Kind von Traurigkeit war, muss man dabei sagen, er hatte auch oder er ging ja auch mal in die Kneipe, sag ich mal und hat auch schon mal was getrunken, klar. Oder nach der Schicht, da sind sie dann auch noch mal in die Kneipe und haben was getrunken oder so. Aber er war halt ein Mann, der morgens auch aufstehen konnte. Also, sag ich mal, wenn er um 2 Uhr ins Bett ging, hatte was getrunken, um 5 Uhr war der wieder auf den Beinen und war schon fast wieder auf der Arbeit. Was mir natürlich immer schwer fiel *(lacht)*, muss ich dabei sagen. Und deswegen war der auch dann so. Wer abends gesoffen hat, kann auch morgens aufstehen. «

Während Herr B. im Rahmen der Schilderungen seiner verschiedenen Konflikte mit dem Vater nach Außen nur wenig Belastung vermittelte, so gab er im Zuge der Einschätzung auf der vorgegebenen Skala mit damals 9 Punkten einen sehr hohen Wert an, welcher sich über Jahre hinweg nicht verändert zu haben scheint. Konkret hinsichtlich seiner Einschätzung möglicher langfristiger Auswirkungen befragt, betont Herr B. an anderer Stelle zunächst noch einmal seine positiven Erinnerungen an die Zeit seiner sportlichen Erfolge. Dass er sich dabei nicht gerne an die „Schattenseiten" erinnert, äußert er nur indirekt.

» Ja, weil ich hab ja mehrere Meisterschaften errungen, ich hab ja auch andere Titel errungen, Torschützenkönig und so. Ja, denkt man immer dran. Schöne Zeiten vergisst man also nicht so schnell, sag ich mal so wie die schlechten Zeiten. Das ist ja bei der Menschheit so, dass die schlechten zurück gestoßen werden und die guten merkt man sich ja. «

Zurückgeführt auf die Konflikte mit dem Vater kann Herr B. eine anhaltende Belastung bis zum Tod des Vaters einräumen, betrachtet diese jedoch seither als beendet.

> » […] Das hab ich abgeschlossen damals, das Kapitel. Weil wir waren uns… so uneinig geworden, da ging das nicht mehr. Und das hat sich auch hingezogen, bis er gestorben ist.«

- *E10: Erste Lehrausbildung*

Herr B. ist im ersten Ausbildungsberuf Maler und Lackierer, hat diese Lehre aber ursprünglich nicht selbst angestrebt, sondern auf Wunsch seines Vaters hin absolviert. Auch hierbei scheint es zu Streitigkeiten gekommen zu sein.

> » Ja, das ist erst mal die Lehrstelle, die Lehrstelle, wie ich die angefangen habe. Ja, da gab's auch schon Zoff, weil ich wollte ja unbedingt Dachdecker werden. Und da hat mein Vater erst mal gesagt: „Nein. Er könnte vom Dach fallen.“ und so. Also, irgendwie hat er doch Angst um mich gehabt. Und dann musste ich die Lehre als Maler und Lackierer anfangen, hab ich auch gemacht, und hab mich da auch weitergebildet, da kam dann noch der Putz dazu, da musste ich noch mal extra lernen, dann hab ich noch Trockenbau gelernt, Raumausstattung gelernt und *(unverständlich)* gelernt. Und früher war das so, da musste man für alles einen Beruf noch haben, da musste ich immer wieder neu anfangen. «

Trotzdem er die Ausbildung entgegen seinen Wünschen begann, kann Herr B. in diesem Punkt auch die Sorge des Vaters anerkennen. Eine damit verbundene Belastung hingegen schätzte Herr B. zunächst in der freien Rede erneut als nicht vorhanden ein, gibt jedoch auf der Skala wiederum zumindest eine 4 an. Eine anhaltende Belastung kann er für sich nicht feststellen, sieht retrospektiv eher die Vorteile dieser Ausbildung.

> » Nee, nachher war ich ja froh, dass ich so was gemacht hatte, ich mich da ja auch weiterbilden, in meinen Beruf. Als Dachdecker wäre ich ja da stehen geblieben. Hätte ich ja nur den Dachdecker lernen können, mehr nicht. Da konnte ich ja noch weiter gehen, zum Beispiel Trockenbau oder Raumausstatter. Auch das mit dem Putz, das konnte ich da ja noch weiter machen. Das war ja auch angenehm. « […] » Ja, Möglichkeiten und man hat ja auch viel mehr mit Menschen zu tun, wie jetzt als Maler und Lackierer, da hat man ja nur diesen Blick, aber so hat man mehrere Anlaufstellen, da hat man ja schon mehr Kontakte. «

- *E11: Bundeswehrzeit*

Im Alter von 18 Jahren wurde Herr B. aufgrund der damaligen Wehrpflicht zur Musterung einberufen, die er wegen seiner guten körperlichen Fitness sehr positiv absolvierte und entsprechend für den Wehrdienst vorgesehen und zugeteilt wurde. Seine berufliche Tätigkeit musste er daher kurzzeitig unterbrechen. Seine Zeit bei der Bundeswehr bezeichnet Herr B. ganz allgemein zwar als „schrecklich“, vermittelt dies jedoch wiederum nicht in seiner Mimik und Gestik.

> » Da wollte keiner, ich wollte da auch nicht hin, musste aber hin. Da war schon Frust. «

» […] Ja, und da wollte ich eigentlich zur Marine und da hat der gute Mann mir da aber gesagt, die Marine wär nicht auf der L. (einem regionalen Fluss), das vergesse ich nie. Da hab ich mir dann Gedanken gemacht: Wie die Marine ist nicht auf der L.? Ja, da musst du weiter weg…Nö *(lacht)*, da bleib ich lieber hier. Das vergesse ich nie. Ja, da bin ich hier bei das Heer. Das war auch in der Nähe von hier, N., damals, da bin ich auch geblieben, ich musste nicht weiter weg nach der Grundausbildung oder so. « […]

Auf die Frage nach der damaligen Belastung im Skalensystem antwortete er erstaunlicherweise mit der höchstmöglichen Punktzahl 10. Dennoch finden bei einer retrospektiven Sicht zunächst wieder positive Erinnerungen Erwähnung.

» Ja, an die schönen Sachen, die Kameradschaft, da denke ich noch dran. Alkohol habe auch nach hinten geschoben, aber die Kameradschaft, das war schon super, das war klasse.«

Noch einmal befragt nach den konkreten Negativerlebnissen äußert sich Herr B. überwiegend allgemein und abstrakt.

» […] Belastend, belastend war der ganze Verein. Die ganze Bundeswehr war für mich belastend, weil da ja nicht hin wollte. Eigentlich. « […] » Ja, weil ich da, wollte nie hin. Das hat mich auch schwer zurückgeworfen. Erst mal *(unverständlich)* man sich ja und so, das ist ja, normale Sachen. Und halt wegen der Trinkerei. «

Zusammenfassend kann festgestellt werden, dass Herr B. zum Teil sehr hohe Belastungswerte zum Zeitpunkt des Geschehens der Ereignisse verbalisieren konnte, wenn auch auf der eher als abstrakt zu bezeichnenden Ebene der vorgegeben Belastungsskala.

Eine anhaltende Belastung konnte er bei nur einem der aufgeführten Ereignisse wahrnehmen, nämlich den wiederkehrenden Streitsituationen mit dem Vater. Auch hier betonte er jedoch letztlich, sich dadurch heute nicht mehr beeinträchtigt oder aktuell belastet zu fühlen.

D   Individuelle Bedeutung für den Suchtverlauf

Im Interviewverlauf wird deutlich, dass Herr B. in den Schilderungen prägender Lebensereignisse stets auch versucht, Rückbezug zum Thema Alkohol und Sucht zu nehmen. Er bleibt jedoch auch auffallend oft in seinen Formulierungen eher allgemein, antwortete selten ganz gezielt auf seine Person oder seine individuelle Suchtgeschichte bezogen. Diese besondere Auffälligkeit erschwert schließlich die Interpretation seiner individuellen Betrachtungsweise zur Entstehung bzw. zum Verlauf seiner Suchterkrankung.

Dennoch konnte Herr B. Zusammenhänge formulieren. So beschreibt er zunächst einen Einstieg in ein regelmäßiges und gewohnheitsmäßiges Trinken in geselligen und sozialen Kontexten, hier insbesondere im Rahmen seiner vielfältigen Freizeitaktivitäten (Fußball und andere Vereine).

» Und dann kam natürlich auch schon langsam… in den Genuss zu kommen mit Alkohol. Das soll jetzt nicht heißen, dass ich da schon getrunken habe, das heißt für mich in Kontakt mit Alkohol zu kommen. Durch den Fußball halt. Ja, und dann hab ich auch gespielt bis 12, 13 Jahre und dann kam das natürlich immer mehr mit dem Alkohol und so. Das ist ja praktisch so, sag ich mal, ein Übergang dazu. « [...] »Und, naja, Burschenschaft, Feuerwehr, das war einmal in der Woche, sag ich mal ne Stunde oder so, eine Übung oder so was. Und das war bei der Burschenschaft, Feuerwehr dann immer am Wochenende, nach dem Fußball, da wurde sich dann zusammengesetzt und wurde schon mal wieder was getrunken oder auf ein Fest gefahren, da wurde auch natürlich getrunken. Gesangsverein natürlich auch, nach der Singstunde wurde sich auch zusammengesetzt, mal 2, 3 Bierchen getrunken. «

Aber auch im beruflichen Umfeld erlebte Herr B. einen regelhaften und normsetzenden Umgang mit Alkohol.

» [...] Weil...Bei Maler und Lackierer auf'm Bau, früher gab's das so, heute natürlich nicht mehr, da wurde auch viel getrunken. Und da wurde auch von den Bauherrn oder so was schon mal ne Kiste Bier hingestellt, vielleicht sogar ne Flasche Schnaps dabei, das also auf alle Fälle. Das ist sehr prägend auch, hinein bis zum Schluss würde ich sagen. Weil da viel getrunken wurde, auf dem Bau. Heutzutage ist so was nicht mehr möglich. Das ist ja überall verboten. Aber früher, da gab's jede Menge Alkohol. «
[...] » Also, sag ich mal, ohne dass du jetzt eine gewisse Promillezahl hast, wären die gar nicht auf das Gerüst gegangen. Und das gibt's natürlich heutzutage auch nicht mehr, muss man dabei sagen. Ich war natürlich auch einer davon *(lächelt)*. Ich hab ja nie nie gesagt. Wenn das auch ein Stück weit auch so üblich ist, dann ist das ja auch wie so eine Welt, wo man hinein wächst. Man kennt es ja nicht anders und es ist ein Stück weit normal. «

Nicht zuletzt sieht Herr B. die Konflikte mit dem Vater im Verlauf als relevant für sein Trinken und beschreibt damit deutlich eine weitere Funktionalität des Konsums als Entlastungstrinken.

» [...] Wenn ich dann später Frust hatte oder so, dann hab ich dann auch zur Flasche ge griffen. Um das zu vergessen. Oder Abstand zu halten oder... das alles im Raum stehen zu lassen, nur in dem Moment zu vergessen. Dann halt wieder neu anfangen, aber da kam es ja nie dazu, es gab ja immer wieder den Konflikt mit Fußball. « [...] » Da lässt man ja dann auch den Frust ab. Beim Fußball konnte ich den Frust so nicht ablassen, weil das war ja ein Spiel der Gemeinschaft und, sag ich immer, da gehören 11 Mann oder 12, 13 Mann dazu und mit denen Du auch spielst, da kannste den Frust so nicht ablassen, aber zum Beispiel bei der Burschenschaft, beim Trinken, da konntest Du schon mal richtig Frust ablassen. Da hast Du dann auch mehr getrunken. «

Insbesondere der exzessive Konsum von Alkohol bei der Bundeswehr ist ihm in Erinne rung geblieben.

» Ich finde das ist auch ganz normal. Was da, ich weiß nicht wie es heutzutage ist, aber früher war es auf jeden Fall chaotisch, was da getrunken wird. Also, Unmaßen von Alkohol fließen da, muss ich ganz ehrlich sagen. Da, naja, ok, in der Grundausbildung noch nicht so, aber nachher, da hat man ja doch ein bisschen mehr gefeiert, da wurde schon viel ge-

trunken. Das ist auch der Hauptpunkt, würde ich sagen, was mir so hängen geblieben ist.«
[…] » Aber wie gesagt, da wurde viel getrunken. Da ging's abends immer zum Soldaten-
heim, wenn die Kantine zu machte ging's immer noch mal ins Soldatenheim. Jede Menge
Alkohol, ja. « […] » Da gab's nur noch Alkohol. Da gab's kein Wasser oder Fanta oder
Cola, gab's nur Alkohol. «

In der retrospektiven Sicht seines Grundwehrdienstes erkennt Herr B. auch einen weiteren
Anstieg seiner Trinkmenge. Als konkreten Auslöser kann er einerseits den Druck der
Gruppe (peergroup) und somit wieder die Notwendigkeit zur Anpassung an herrschende
Normen benennen, aber auch seine inneren Belastungen durch die Trennung von wichtigen
Bezugspersonen als maßgeblich identifizieren.

» Na, weil da ganz automatisch mehr getrunken wurde. Man hatte auch gar nicht viel Zeit
zu überlegen oder was weiß ich was, man war ja weg von zu Hause und so. Da wurde immer die…die Flucht zu der Flasche. Zu Hause konnte man sich mit der Freundin oder auch
der Mutter mal unterhalten. Da nicht. Und die Kameraden sind halt nicht so, wie die
Freundin oder die Mutter. «

3.2.3 »Ich war schon immer ein Querulant.« (Interview III)

A   Persönlichkeitsvariablen

Frau M. ist 42 Jahre alt und alkohol- und opiatabhängig. Als Jugendliche konsumierte sie
Heroin, seit 2006 ist ihr Hauptsuchtmittel Alkohol. Diagnostisch besteht der Verdacht auf
das Vorliegen einer komorbiden Störung in Form einer Posttraumatischen Belastungsstörung (PTBS).

B   Art der genannten Ereignisse

Frau M. benannte einerseits sehr klar voneinander abgrenzbare Ereignisse. Jedoch präsentierte sie auch abstrakte Erfahrungen, zu denen sie teilweise kaum veranschaulichende
Beispiele fand, die sich aber dennoch aus diversen Einzelerlebnissen zusammenzusetzen
zu schienen. Es wurde daher versucht, eine übergeordnete Begrifflichkeit bzw. Betitelung
für ähnliche und redundante Erfahrungen zu finden und somit Ereigniskomplexe mit
gleicher Grundthematik zu bilden. So ergaben sich letztlich sechs zu unterscheidende
Ereignisse.

Beginnend im Bereich der Kindheit berichtete Frau M., etwa im Alter von 6 Jahren ihren
Vater bei dem Versuch, sich das Leben zu nehmen, noch rechtzeitig aufgefunden zu haben
(E14). Des Weiteren beschreibt sie einen Umzug der Familie und damit verbunden nicht
nur eine räumliche Veränderung, sondern auch ein Gefühl des Verlassenseins und der
Angst **(E15)**. Bereits als Kind, aber auch später im Jugendalter erlebte sich Frau M. häufig
abgelehnt, einerseits durch Familienmitglieder (Bruder, Eltern), aber auch durch ihr
soziales Umfeld **(E16)**. In ihrem Erleben konnte sie die ihr zugeschriebenen Erwartungen

nicht erfüllen und spürte ihr Anderssein sehr deutlich **(E17)**. Ein besonderes Ereignis stellte dann das Erlangen des Führerscheins dar, hier insbesondere des Motorradführerscheins **(E18)**. Nicht zuletzt führt Frau M. als prägend für ihren weiteren Lebensweg ihren Einstieg in den Konsum von illegalen Drogen an **(E19)**.

C   Individuelles Belastungserleben

Frau M. zeigte sich in der differenzierten Einschätzung ihrer individuellen Belastung durch einzelne Lebensereignisse zwar bemüht, aber insgesamt sehr unsicher. In der freien Rede konnte sie ihre Empfindungen hinsichtlich Intensität und Dauer im biografischen Verlauf nur schwer für sich einordnen oder sortieren und verlor sich leicht in der Strukturlosigkeit ihrer Erzählungen und Gedanken. Als gar nicht belastend benannte sie aber letztlich nur eines der aufgeführten Ereignisse.

- *E14: Suizidversuch des Vaters*

Frau M. musste im Alter von sechs Jahren erleben, wie sich ihr Vater auf dem Dachboden zu erhängen versucht hatte. Im Interviewverlauf schilderte Frau M. das Ereignis als prägend, jedoch schienen Einzelheiten des Ablaufes für sie nur schwer erinnerbar. Ihre erste Reaktion zum Zeitpunkt des Geschehens beschreibt sie wie folgt:

> » Also, in dem Moment? Ja, Panik gekriegt. Versucht, er hing am Fenster und saß halt auf der Erde, versucht als Kind ihn hochzuheben, aber das ging nicht und dann bin ich halt runter gelaufen zu meiner Mutter. Aber ich weiß nicht mehr, was dann passiert ist. Die ist dann natürlich auch hoch, aber ich weiß… weg. « *(macht eine wegwerfende Handbewegung)*

Weiteren Zugang zu ihren Gefühlen zum damaligen Zeitpunkt kann Frau M. nicht finden. Auch innerhalb der Familie wurden die Ereignisse offensichtlich tabuisiert:

> » Nein. Also, es hat mir auch nicht nachgehangen oder so. Ich glaub, ich hab das gar nicht richtig kapiert. Also, schon kapiert, was da passiert ist, aber…. Da wurde nie drüber gesprochen oder sonst irgend sowas. «

Erst im Erwachsenenalter sei ihr das Erlebnis wieder bewusster geworden, sagt Frau M., weshalb sie sich auch nicht durch belastende Gefühle beeinträchtigt sah. Auch heute denke sie nicht mehr daran, habe auch keine negativen Traumerlebnisse. Trotz der von ihr beschriebenen scheinbaren Bedeutungslosigkeit schätzt Frau M. die aktuelle Belastung auf der Skala bei einem Wert von 2 ein.

- *E15: Umzug der Familie*

Einen deutlich stärkeren Einfluss auf ihre Entwicklung schreibt Frau M. hingegen einem Ereignis zu, als sie 10 Jahre alt war. Die Eltern waren aus beruflichen Gründen gezwungen, den Wohnort zu wechseln. Auf die dadurch entstandenen Veränderungen reagierte Frau M. sogar mit Verhaltensauffälligkeiten und psychosomatischen Symptomen.

> » Ja. Dann sind wir mal für drei Jahre weggezogen. Das war ein Ereignis, das war im Alter von 10-13, wo ich von jetzt auf gleich alleine zu Hause war, was ich nicht kannte. Meine

Mutter, die war immer für uns da, mein Vater hat gearbeitet und meine Mutter vorher für uns da, für mich und meinen Bruder. Und mein Bruder ist ja drei Jahre älter als ich, der hatte damals seine erste Freundin und dadurch nie zu Hause und meine Eltern haben beide gearbeitet, deswegen haben die mit uns den Wohnort gewechselt. Und haben dann beide gearbeitet. Und da hab ich auch Ticks entwickelt. Da hab ich auch, was mir damals gar nicht bewusst war, da hab ich auch Ticks entwickelt wie, ich bin immer runter in den Heizungskeller gelaufen und habe geguckt, ob die Heizung richtig läuft, obwohl ich mich gar nicht damit auskannte. Oder hab zehnmal am Tag geguckt, ob der Elektroherd aus ist, obwohl ich mir gar nichts selber kochen musste und so, ich musste gar nichts machen, aber ich hab immer…. So Angst, Ticks entwickelt. « […] » Ja. Und ganz schlimm, die ganzen drei Jahre lang Neurodermitis-Schübe gehabt, einen nach dem anderen. «

Ihre damalige Belastung schätzt Frau M. sehr hoch ein, konkret gibt sie 90 Prozent an, was einem Skalenwert von 9 gleichzusetzen sein dürfte.

Mit Rückkehr an den alten Wohnort scheinen sich die beschriebenen Zwangshandlungen gebessert zu haben, jedoch insgesamt nie gänzlich verschwunden zu sein.

» […] So ob irgendwas aus ist, so zehnmal gucken, das mache ich bis heute noch. Das habe ich leider beibehalten. Und die Zählerei, alles zu Zählen, das hab ich leider auch beibehalten. « […] » Ja, die Zählerei war noch da. Obwohl… ob es da noch da war, weiß ich gar nicht, ich glaube, das habe ich dann erst wieder mit 20 angefangen. Also mit 13 war ich wieder zurück, in meinem alten Heimatort, wo wir herkamen. Aber diese Ticks waren dann erst wieder so ab 20, 20stes Lebensjahr. Aber das erste Mal hatte ich das, wo wir die drei Jahre weg waren. «

Die aktuelle Belastung wiederum scheint für Frau M. schwer greifbar. Sie hält erneut an einer prozentualen Kategorisierung fest. Die folgende Interviewsequenz soll die Probleme verdeutlichen. Befragt nach ihrem Empfinden, wenn sie heute an das Ereignis zurückdenkt, antwortet Frau M.:

B: » Weiß ich nicht, 30 vielleicht. «

I: » Also auf unserer Skala 3? «

B: *Hört nicht zu, überlegt noch.* » Also…, ist ne schlechte Erinnerung halt. «

I: » Ok. Wenn Sie dran denken, liegt's bei 30? «

B: » Ja. «

- *E16: Gefühl der Ablehnung durch Andere*

Frau M. scheint sich im Laufe ihrer Entwicklungsgeschichte in vielfältigen Situationen und durch unterschiedliche Personen ihres Umfeldes abgelehnt gefühlt zu haben. Zunächst berichtet sie in diesem Zusammenhang von ihrem Bruder. Konkrete Beispiele findet Frau M. aber erst im späteren Interviewverlauf.

» Ja, seine ganze Clique, die waren damals schon alle drei Jahre älter als ich und die haben so, wahrscheinlich waren wir für die Kinder, die haben uns, die ganze Clique, wir waren nichts für die und das haben die auch überall kund getan, egal, ob das auf dem Schulhof war oder privat, das haben die auch kund getan. Also, mit irgendwelchen abwertenden Gesten oder… « […] » Ja. Wenn ich jetzt noch was dazu fügen kann, da fällt mir gerade noch was ein. Wenn ich mich mit meinen Eltern drüber unterhalte, sag ich immer, wir hatten früher ein Kinderzimmer zusammen, ich und mein Bruder, ne? Und als ich Kleinkind war, und der T. war ja immer drei Jahre älter als ich, ich wollte immer zu dem ins Bett und er wollte mich damals schon nicht *(lacht)*. Heute amüsieren wir uns dadrüber, aber der wollte mich damals schon nicht. «

Auch hier fällt es Frau M. schwer, ihr Belastungsgefühl zum damaligen Zeitpunkt zu beschreiben, jedoch kann sie an dieser Stelle das Skalensystem aufgreifen.

Zur Veranschaulichung eine kurze Gesprächssequenz:

B: » Damals hat mir das gar nichts ausgemacht. Damals fand ich die auch alle Scheiße. « (

I: » Das heißt, wenn ich Sie nach der Belastung damals fragen würde? Von 0 bis 10? «

B: » Ja, von 0 bis 10, vielleicht 4. «

I: » Also, so ganz egal war es Ihnen nicht? «

B: » Nö. «

Zudem sah sich Frau M. stets auch dem Vergleich mit dem Bruder ausgesetzt und erlebte sich hier oftmals ungerecht behandelt und minderwertig.

» […] Aber ich war schon immer ein Querulant, ich bin allerdings auch genau das Gegenteil von meinem Bruder. ..... Er hat zwar in der Schule auch viel gestört, aber er war unterfordert. Und ich war faul und hatte keine Lust. So sagen unsere Lehrer dann. Er hatte die Frau P. und ich hatte den Herrn P. als Klassenlehrer, die beurteilen das beide. Und der Herr P. sagt, ich war faul und aufmüpfig und der T. war unterfordert. Der ist auch...sag ich jetzt mal, intelli... der kann logisch denken und alles, das kann ich nicht... Dem ist es... eher gegeben. Ich hab in der Schule, oder mal so sagen, ich hab in der Schule nur schlechte Noten geschrieben. Obwohl ich das Wissen heute hab, damals hab ich gedacht, ich wär' dumm. Aber, das Wissen hatte ich trotzdem, vielleicht war ich wirklich faul, es behaupten alle, ich wär' faul, aber ich sag heute, ich hab damals in der Schule nichts verstanden, ich wusste nicht, was die von mir wollten, es war... too much *(lächelt unsicher)*. Nichts verstanden und faul, das ist zweierlei für mich. « […] » Ich war nicht zu faul zum Lernen, ich hab's einfach nicht kapiert. «

Zum heutigen Zeitpunkt fühlte sich Frau M. nicht mehr durch das Verhalten ihres Bruders oder der Familie belastet oder beeinträchtigt. Dennoch kann sie einräumen, sich bis heute missverstanden zu fühlen.

» Ja, unverstanden, also die haben das anscheinend bis jetzt noch nicht verstanden. «

Frau M. scheint über diese Erfahrungen im Laufe der Zeit ein Gefühl der Unzulänglichkeit entwickelt zu haben. Auch den Eltern gegenüber hatte sie den Eindruck, Erwartungen nicht erfüllen zu können.

» Ja, das hab ich auch lange gehabt, also auch wo ich einen guten Job hatte und gut verdient habe, hatte ich immer noch den Eindruck, ... Ich werde meinen Eltern nicht gerecht. Mein Eindruck. Meine Eltern, die haben mir gesagt, die konnten das gar nicht glauben, wie ich darauf komme. Die sind aus allen Wolken gefallen, wie ich darauf komme. Aber wie gesagt, es war halt mein Eindruck. Ich hab immer gedacht, das entspricht denen nicht, das reicht nicht, da muss noch mehr... geschafft werden, mehr Geld verdient werden. Obwohl ich mit 20 soviel verdient habe wie mein Vater mit 40 oder mit 45. «

- **E17: Gefühl des Andersseins**

Während Frau M. einerseits versuchte, den realen oder antizipierten Ansprüchen von Außen gerecht zu werden, so lebte sie sich andererseits gern auch in ihrer Unkonventionalität und in Verhalten entgegen der gesellschaftlichen Normen aus.

» Ja. Ich bin ja seit meinem 13. Lebensjahr Punker, ich hab mit 13 schon einen Iro[5] gehabt.« [...] » Ja. Aber wir sind auch schon immer, also es ist bei uns in der Familie... vielleicht sollte ich mal ein Junge werden, keine Ahnung. *(lacht)*

Ich bin schon immer so ein Enduro-Mensch gewesen, also ich bin schon als mit dem Moped in die Schule gefahren oder in die Lehre und so. Also, Motorrad war gar keine Frage, dass... ich bin auch erst Motorrad gefahren, wenn ich den nicht bestanden hätte, dann hätte ich gar kein Auto mehr dazu gemacht *(lacht)*. Dann hätte ich wahrscheinlich bis zur nächsten Prüfung gewartet, hätte noch mal Anlauf genommen. «

[...] » Ja. Weiß ich noch, hat mich in H. mal die Polizei angehalten, weil ich hatte einen geflochtenen Zopf, ich hatte ja mal lange Haare, ne? Und da haben die mich mal angehalten auf dem Marktplatz und haben wahrhaftig zu mir gesagt: „Wir haben die Haare dahinten aus dem Helm rausgucken sehen. Das ist ja nicht so gewöhnlich, dass hier eine Frau auf dem Motorrad sitzt." Also, für mich war das selbstverständlich, weil ich damit aufgewachsen bin. Mein Bruder hatte schon immer ein Moped und damals war es so, er ist ja drei Jahre älter als ich, weil der war immer ein Vorbild für mich und für mich war das gar keine Frage. «

Insgesamt beschreibt Frau M. ihr unkonventionelles Auftreten und Erscheinungsbild zwar nicht direkt als Belastung, hatte sie sich doch bewusst hierfür entschieden. Dennoch lässt sie durchblicken, dass sie durch ihren besonderen Lebensstil wiederum auch Unverständnis und Ablehnung erfuhr.

» Das waren alles so Sachen, wo meine Eltern... „Oh!", „Um Himmels Willen!", "Ach du Schande!" *(macht empört wirkende Handbewegungen)*

- **E19: Einstieg in den Drogenkonsum**

Mit 24 Jahren nahm Frau M. erstmalig Drogen und konsumierte insgesamt über 10 Jahre hinweg regelmäßig. Als Belastung erlebte sie scheinbar insbesondere die längerfristigen Folgen des Drogenkonsums:

» Weil dann das ganze Kartenhaus zusammenbricht, mal so sagen. Das funktioniert vielleicht ein oder zwei Jahre, dann ist der Stand wie jetzt zum Beispiel. Wie jetzt nach dem

---

[5] Anm. d. Verf.: Mit dem Begriff „Iro" ist der so genannte Irokesen-Haarschnitt gemeint, der insbesondere in der Punker-Szene oft getragen wird.

Alkohol. Wenn dann nach ein paar Jahren das Kartenhaus zusammenbricht, dass das mit den Drogen halt irgendwie nicht funktioniert. «

Befragt nach der aktuellen Bewertung ihres damaligen Drogenkonsums zeigt sich Frau M. wiederum in ihren Aussagen ambivalent.

> *(seufzt)* » Ach, das ist nicht mehr belastend. Das ist rum. Belastend ist nur, wenn ich dran denke, wie anstrengend die Zeit war. Wie anstrengend das war, halt… ja, alles war. Das ganze Leben war Geldsorgen, ein 24-Stunden-Job. Heute könnte ich das gar nicht mehr, also so heute würde ich … weiß ich nicht. «

D   Individuelle Bedeutung für den Suchtverlauf

Im Zuge der Einschätzung zur Bedeutung einzelner Lebensereignisse für die Entwicklung ihrer Suchterkrankung konnte Frau M. bei einem Großteil der geschilderten Erlebnisse keinerlei Zusammenhänge sehen. Lediglich in ihrem „Anderssein" kann sie einen Ursprung erkennen. So sieht sie in dem unbedarften und angstfreien Bezug zum Thema Drogen einen Auslöser für einen erleichterten Einstieg in den Konsum selbst.

> » Also, das ist schwierig auszudrücken…Also, ich hab nie Angst gehabt vor Suchtmitteln, mal so sagen. Ich hab nie Angst gehabt vor Suchtmitteln. Ich hatte schon als Teenie, also, „Wir Kinder vom Bahnhof Zoo", das war auch ein Fehler, das damals rauszubringen, kenne ich viele Leute, also die mit Drogen zu tun gehabt haben, die mit 13, 14 den Film cool fanden. Und die dann drauf angesprungen sind, auch wenn es Jahre später war. « […] » Ja, ich hab auch nicht getrunken, ich hab einmal in meinem Leben, da war ich 13 an einem Joint gezogen, aber das war nicht meins. Ich hab in meiner Jugend oder so, ich hab nicht getrunken, ich hab nicht gekifft… Aber Angst hatte ich schon als ganz junger Teenie nicht. Angst oder Respekt davor. « […] » Hatte ich keinen, ja. Dieses, keine Angst, das weiß ich nicht, woher das kommt, vielleicht fing das schon damit an, anders sein als Andere… Weiß ich nicht, wo das herkommt. Weil, das wusste ich schon, keine Angst, das wusste ich schon mit 13,14. Aber umgesetzt, also… drogenabhängig wurde ich erst 94, also zehn Jahre später. «

Nachdem Frau M. schließlich den Konsum illegaler Drogen beendet hatte, stieg sie nahezu ohne Unterbrechung auf Alkohol um, was sie sich insbesondere aus den besonderen Problemen der Beschaffung illegaler Substanzen erklärt.

> » Weiß ich nicht, vielleicht ist, weil ich jetzt älter bin, Alkohol trinken einfach leichter. Also abdichten, egal warum, nur die ganze Beschaffungskriminalität fällt halt mit Alkohol flach. Und braucht ja auch viel weniger Geld. « […] » Dass ich dann das Suchtmittel geändert hab, weil es preiswerter ist. Sonst hätte ich das nie geändert, ich wär nie auf Alkohol umgestiegen. Das schmeckt nicht, man weiß nicht, was man macht betrunken, dass hat man alles bei Drogen nicht, da hast Du alles noch auf… ich hab nie so Drogen konsumiert, dass ich nicht mehr da war, da hab ich alles auf'm Schirm gehabt. «

Gegen Ende des Interviews wirkte Frau M. zunehmend nachdenklicher. Als weitere Erklärung zog sie dann vorsichtig in Betracht, möglicherweise auch durch ihren Drogenkonsum wiederholt vermeintlichen Erwartungen entsprochen zu haben.

> » Nee, da war mir das nicht so bewusst. Aber abgesehen, dass fast zehn Jahre verschenkt sind... ja, weiß ich nicht, hab ich einfach das ausgeführt habe, was alle erwarten... Ich denke, das ist das. Egal ob bewusst oder unbewusst, weiß ich gar nicht. «

3.2.4 »Vielleicht kann ich mich deshalb nicht so gut durchsetzen.« (Interview IV)

A   Persönlichkeitsvariablen

Herr L. ist 31 Jahre alt und alkohol- und cannabisabhängig. Neben seinen Hauptsuchtmitteln hat er in der Vergangenheit auch Erfahrungen mit LSD, Speed, Amphetaminen, Ecstasy und Kokain gemacht. Diagnostisch war bei Aufnahme eine rezidivierende depressive Episode, gegenwärtig remittierend feststellbar. Darüber hinaus bestand kein Verdacht auf das Vorliegen weiterer Komorbiditäten.

B   Art der genannten Ereignisse

Herr L. konnte im Interviewverlauf eine große Anzahl an prägenden Lebensereignissen benennen.

Er berichtete zunächst von der besonderen Strenge und Ungeduld seiner Mutter **(E20)**. In Bezug auf sein Verhältnis zu den Geschwistern erinnerte er sowohl positive wie auch negative Erlebnisse. So gab er an, insbesondere von seiner ältesten Schwester sehr oft geärgert und z.T. auch gedemütigt worden zu sein **(E21)**. In angenehmer Erinnerung war ihm hingegen auch die insgesamt gute Beziehung zu seiner zweitältesten Schwester. Damit verbunden erinnerte er besonders einen gemeinsamen Urlaub in L. **(E22)**. Auch führte Herr L. das Erlangen seines Moped-Führerscheins **(E23)** sowie seine Lehrzeit **(E24)** und die spätere berufliche Weiterbildung zum CNC-Fräser **(E25)** als positive Erlebnisse an. Im Bereich der Jugend schilderte er außerdem seine persönlichen Erfahrungen mit zunächst Drogen **(E26)** sowie später mit Alkohol **(E27)**.

C   Individuelles Belastungserleben

Als durchweg belastend erlebte Herr L. zunächst den Umgang und die Konflikte mit der Mutter sowie mit der ältesten Schwester (E20 und E21). In Hinblick auf seinen Suchtmittelkonsum sind Herrn L. sowohl angenehme, als auch belastende Empfindungen erinnerlich. Alle weiteren Ereignisse wurden von Herrn L. als nicht belastend einstuft.

- *E20: Strenge/Ungeduld der Mutter*

Herr L. beschreibt das Verhältnis zu seiner Mutter als problematisch und lässt durchblicken, dass diese mit der alleinigen Erziehung der Kinder möglicherweise überfordert gewesen sein könnte. Wie genau sich die Ungeduld und Strenge der Mutter präsentierte, konnte Herr L. auch anhand von Beispielsituationen detaillierter schildern.

> » Ich war ein lebhaftes Kind, war viel draußen, hab gespielt. (…) Und, ja, meine Mutter war halt nicht geduldig. Sie war halt allein erziehend, mein Vater, der hat im Ausland gearbeitet. Ich hatte noch zwei ältere Schwestern, was auch nicht einfach war. Dadurch war meine Mutter wahrscheinlich streng, wirkte streng. « […]
> » Ja, wenn ich zu spät nach Hause kam oder wenn ich meine Hausaufgaben, wenn ich das nicht gleich verstanden habe, dann wurde sie schnell ungeduldig. Jo, und dann gab's auch schon mal eine auf die Backe. « […] » Ja, meine Mutter hat ja auch immer ziemlich laut geschrien und da hab ich Hausaufgaben gemacht und da hatte ich noch so Zeug, ich glaube Mathe war das und da hab ich das nicht verstanden und dann wurde sie laut und aufbrausend und, ich soll das jetzt machen und da hab ich's erst recht nicht verstanden und auch versucht, aber es ging einfach nicht. Ja, und dann wurde sie immer lauter und irgendwann hab ich dann auch eine auf die Wange bekommen. «

Die damalige wie auch die anhaltende Belastung durch die Erlebnisse mit der Mutter ordnet Herr L. auf der Belastungsskala bei 6 ein. Auch heute noch fühle er sich bei dem Gedanken an seine Erziehung noch belastet.

- *E21: Demütigung durch die Schwester*

Auch die Beziehung zu seinen beiden älteren Schwestern sei angespannt gewesen. Während Herr L. zu der ein Jahr älteren Schwester zwar insgesamt ein gutes Verhältnis gehabt habe, so sei diese doch auch oft von der Ältesten dazu angestiftet worden, Herrn L. zu ärgern. Für die „Streiche" der Schwestern fand Herr L. ein anschauliches Beispiel:

> » Ja, die waren auch nicht einfach, da war viel Gehässigkeit auch. Die haben mich viel geärgert. […] » Ich hatte mal so eine Echsenart, ein Chamäleon, hatte ich gehabt, die hat mein Vater mitgebracht aus Libyen. Und da kam ich einmal nach Hause und da haben die Eishockey mit dem kleinen Tier gespielt. Das weiß ich noch, meine beiden Schwestern hatten den Schläger in der Hand und haben sich das Tier so zugeschossen. « […] » Also, ich fand es, ja, nicht schön, weil das Tier hat einem ja Leid getan und sie haben das eher belustigt. Also, ich fand halt das war so Tierquälerei und sie haben sich da einen Spaß draus gemacht. «

Dieses Erlebnis stufte Herr L. auf der Belastungsskala zum damaligen Zeitpunkt mit 6 bis 7 ein, fühlte sich heute jedoch dadurch nicht mehr emotional betroffen.

Viel schlimmer hatte er aber ein besonders demütigendes Erlebnis mit der ältesten Schwester in Erinnerung:

» Ja, das war keine schöne Situation und zwar meine Schwester, die war sechs Jahre älter wie ich und die hatte auch mehr Kraft wie ich und dann saß ich auf dem Boden, die hat meine Arme festgehalten und hatte mit dem Speichel über meinem Kopf gespielt, bis der mir ins Gesicht gefallen ist. Das fand sie wohl witzig. «

Entsprechend hoch schätzt Herr L. seine damalige Belastung mit einem Skalenwert von 9 ein. Zwar sei das Belastungsempfinden bis heute gesunken (Skalenwert 6), jedoch sah er sich durch den Umgang mit den Schwestern, wie auch letztlich durch das Verhalten der Mutter nachhaltig beeinflusst und geprägt. Auch Gefühle der Machtlosigkeit zieht Herr L. für sich in Betracht, insbesondere sieht er sich aber in seinem persönlichen Durchsetzungs-vermögen beeinträchtigt.

» Ich weiß nicht, vielleicht, kann sein, dass ich mich jetzt nicht so durchsetzen kann auch…dass ich eher auch mich zurückziehe… «

[…] » Das kann möglich sein. Und sich nicht durchsetzen zu können, auch heute kann ich mich vielleicht deshalb nicht so gut durchsetzen. Das kam aber auch von meiner Mutter her, wie gesagt, die war streng. «

Herr L. scheint darüber hinaus der Überzeugung zu sein, zur damaligen Zeit noch Kontrolle über seinen Suchtmittelkonsum gehabt zu haben.

» Was körperlich abhängig macht, das hab ich nicht genommen und… von der Erfahrung her, eher nicht. Außer, dass ich meinen Körper jetzt schädigen tue, da hab ich dann schon drauf geachtet, dass ich da nicht übertreibe oder so. «

- **E27: Alkoholkonsum und seine Folgen**

Im Jugendalter scheint für Herrn L. der Konsum von Alkohol zunächst eher eine unterge-ordnete Rolle gespielt zu haben.

» Nein, da hatte ich auch nicht getrunken. Ich hatte damals mit dem Alkohol, wenn ich mal weggegangen bin, Feiern oder Tanzen, da hab ich auch mal 2,3 Bier getrunken, aber in Maßen, also, auf den ganzen Abend verteilt. Manchmal gar nichts getrunken, also da war Alkohol gar kein... spielte noch keine Rolle. « […] » Genau, also das mit diesem Ecstasy und auch in den Club gehen, das hat mit 20 aufgehört. Das wollte ich auch von mir aus, weil das hat auch keinen Spaß mehr gemacht. Und dann kam ich auch zur Bundeswehr und da durften sowieso keine Drogen genommen werden, sonst ist das aufgefallen und da hab ich ja auch aufgehört mit diesen… Ecstasy und Amphetaminen (…), außer das THC. «

Im Vergleich zu illegalen Substanzen bewertete Herr L. seinen Einstieg in einen vermehr-ten Alkoholkonsum hingegen deutlich negativer.

» Ja, das ist halt, das hat auf jeden Fall Einfluss, weil… ich hab ja dann mit THC, mit 24, 25 hab ich aufgehört und dann habe ich ja mit Alkohol weiter gemacht. Das war in meinen Augen noch schlimmer. « […] » Ja, ich hab mit meiner Ex-Freundin getrunken, also sie war Alkoholikerin und ich hab das am Anfang auch nicht gemerkt und dann haben wir im-mer so getrunken abends. Ich fand das am Anfang immer so ganz witzig…Dachte ich mir auch, so mit ner Frau kann man dann trinken, ist auch mal ganz nett. « […] » Also, mit

THC hatte ich mein Leben noch im Griff gehabt und als ich dann angefangen hab, Alkohol zu trinken, dann ging eigentlich alles bergab. Mit dieser Freundin zusammen. « [...] » Ja, und das wurde dann immer mehr und immer mehr und dann wurde es... dann habe ich dann auch schon gemerkt, das war so mit 25, dass ich vielleicht ein Problem damit habe. Aber ich weiß auch... ich hab nicht aufgehört. «

Anders als bei dem Konsum von illegalen Drogen konnte Herr L. hier offenbar rasch ein Problembewusstsein für seinen Alkoholkonsum entwickeln. Diese Erkenntnis selbst stellte scheinbar noch einmal eine hohe Belastung für Herrn L. dar (Skalenwert damals: 6), die im Verlauf der Suchterkrankung noch weiter anstieg (Skalenwert heute: 9).

Besonders scham- und schuldbesetzt beschreibt Herr L. dementsprechend, welche negativen Folgen der Alkoholkonsum langfristig auch auf seinen Umgang mit seiner Familie hatte.

» Ja, schlechte, schlechte Erinnerungen. Wenn ich immer so viel einen über den Durst getrunken hatte und wenn ich dann nervlich angekratzt war, hab ich auch immer meine Familie angerufen und hab manchmal auch so Quatsch erzählt. « [...] » Am Telefon, ja. Das alles mal rausgelassen, Vorwürfe und Beleidigungen auch. Da hab ich manchmal auch so einen Quatsch erzählt, dass sie mich gar nicht mehr für ernst genommen haben. «

D   Individuelle Bedeutung für den Suchtverlauf

Die innerfamiliären Konflikte scheint Herr L. ganz allgemein und losgelöst von Einzelsituationen mit seiner Suchterkrankung in Verbindung zu bringen. Er zieht dabei die Möglichkeit in Betracht, ein besonderes Bedürfnis nach Rückzug und Freiheit entwickelt zu haben und sich entsprechend in den Konsum von Suchtmitteln geflüchtet zu haben.

B: » Ich weiß es nicht... vielleicht ein Fluchtgefühl war es damals... Dass das vielleicht damit zusammen hängt. «
I: » Dass Sie das Gefühl hatten, Sie müssen flüchten? «
B: » Ja. «
I: » Vor der Schwester zum Beispiel? «
B: » Vor allem.... «

Gestützt werden diese Überlegungen auch im Zuge seiner Schilderung von Ereignissen, die mit angenehmen Gefühlen verbunden waren (E4-E6). Sah Herr L. hierbei zwar keine direkten Auswirkungen dieser positiven Erlebnisse auf seine Suchterkrankung, so betonte er an dieser Stelle doch zumindest sein besonderes Streben nach Freiheit und Unabhängigkeit.

» Ja, das war in der Jugend war das der Moped-Führerschein...da war schon ein Gefühl von Freiheit... dann hab ich angefangen zu Lernen, eine Lehre angefangen, das war auch schön. Was schlecht war, dass ich die Drogen angefangen hab zu nehmen, aber das war auch ne schöne Zeit für mich. « [...] » Ich hab mich erwachsener gefühlt. « [...]
» Unabhängig, ja. «

Bezüglich seines Drogenkonsums machte Herr L. insgesamt widersprüchliche Angaben. Er beschrieb ihn zwar funktional, aber dennoch als eher unproblematisch und scheint hauptsächlich positive Erinnerungen mit der Konsumzeit zu verbinden.

> » Ja, also…Drogen haben ja glücklich gemacht, halt auch ein Gefühl von Freiheit, man hat keine Belastungen gemerkt, gespürt. Man war auch manchmal offener… Also, ich hab mich da sehr frei gefühlt. « […] » Das war Ecstasy, Amphetamine, dann war mal ne Zeit LSD, dann hauptsächlich THC, das hab ich jeden Tag gemacht, Ecstasy und Amphetamine, das immer zum Wochenende. Da bin ich auch immer Feiern gefahren, das war dann in Clubs und dann ordentlich getanzt wurde. Viele Leute kennengelernt, das erinnert mich noch an schöne Zeiten. « […]
>
> » Ja, das war sonntags morgens, da waren noch die Clubs auf zum Feiern und da war ich dann irgendwie so berauscht, ich war überglücklich und also völlige Glücksgefühle. Die Leute, die wir da kennengelernt haben, die waren auch alle gut drauf und glücklich, das war wie eine Familie. Das waren so die schönsten Momente, wir haben zusammen getanzt, Spaß gehabt. Das war sehr schön. «

An anderer Stelle sieht er zwischen dem Drogenkonsum selbst und seiner Suchterkrankung insbesondere aufgrund des fehlenden Cravings keine Verbindung.

> » Die hat damit gar nichts zu tun. Weil, das war für mich keine Sucht, jetzt das Ecstasy oder so, da hatte ich kein Verlangen nach. Weil ich das ja auch nur am Wochenende genommen hatte. Also, da hatte ich gar kein Suchtgefühl. «

Ein so genanntes „Suchtgefühl" konnte er dann im späteren Interviewverlauf wiederum auch in Bezug auf den Konsum von Cannabis für sich feststellen.

> » Das war bei Alkohol, obwohl auf THC war ich eigentlich auch süchtig. Also, ohne das hab ich nie gelebt, das hab ich auch jeden Tag geraucht… Ich hab auch mein Leben normal… das hat mir auch keiner angesehen oder so. Ich hab das schön verschleiert. Es gab auch schon… eine Polizeikontrolle, da haben die das nicht gemerkt. «

So mutmaßte Herr L. zuletzt, möglicherweise aufgrund seiner überwiegend angenehmen Erfahrungen mit Drogen später auch ein Suchtverhalten entwickelt zu haben.

> » Ja, ich meine… Vielleicht die schönen Erinnerungen, dass das vielleicht einen Einfluss hatte. «

3.2.5 »Ich dachte immer, ich bin so unwichtig.« (Interview V)

A   Persönlichkeitsvariablen

Frau P. ist 25 Jahre alt und alkoholabhängig. Neben ihrem Hauptsuchtmittel hat sie in der Vergangenheit Erfahrungen mit illegalen Drogen in Form von Kokain, Ecstasy, Speed, Meskalin und Cannabis gemacht. Diagnostisch liegen komorbide Störungen in Form einer Bulimia nervosa und eine emotional instabile Persönlichkeitsstörung vor.

B   Art der genannten Ereignisse

Trotz ihres im Vergleich zu den übrigen Teilnehmern noch sehr jungen Alters konnte Frau P. besonders viele prägende Lebensereignisse benennen, die zum Teil hochgradig belastend für sie waren.

Beginnend mit der Kindheitsgeschichte berichtete Frau P. zunächst von der Übersiedlung der Familie von Polen nach Deutschland, als sie etwa fünf Jahre alt war **(E28)**. Wenn auch nicht mehr in allen Einzelheiten, so erinnert sich Frau P. überdies an ein sexuelles Missbrauchserlebnis innerhalb der Familie **(E29)**. Die näheren Umstände beschrieb sie nicht im Interview, hierzu wurden Daten aus anamnestischen Vorerhebungen hinzugezogen. Im weiteren Verlauf gibt Frau P. den Wechsel auf eine höhere Schule und ihre anschließenden Erfahrungen während der Schulzeit als prägend an **(E30)**. Von besonderer Bedeutung sind daneben auch die erste Lehrausbildung **(E31)** sowie die erste feste Partnerschaft **(E32)**. Im weiteren Verlauf schildert Frau P. ihre Erlebnisse im Rahmen der zweiten Berufsausbildung **(E33)** wie auch ihrer zweite Partnerschaft **(E34)**, wobei zu diesem Zeitpunkt bereits schon ihre Suchterkrankung fortgeschritten war und Folgeerscheinungen ihr Leben massiv beeinträchtigten. Als positives Ereignis in dieser Zeit kann Frau P. lediglich die von ihr gewünschte Schönheits-Operation angeben **(E35)**. In 2007 erlebte Frau P. nach kurzer Schwangerschaft zudem eine Fehlgeburt **(E36)**. Sie hat hieraus massive Schuldgefühle entwickelt.

C   Individuelles Belastungserleben

Alle von Frau P. aufgeführten Lebensereignisse haben nach ihrem Empfinden ihr Leben nachhaltig geprägt und sind zum überwiegenden Teil mit mehr oder weniger starken Belastungen einhergegangen.

- *E28: Übersiedlung nach Deutschland*

Frau P. und ihre Familie stammen gebürtig aus Polen. Im Jahr 1989 siedelten sie gemeinsam nach Deutschland über. Auch wenn Frau P. noch sehr jung war, sind ihr doch die genauen Umstände bekannt, unter denen die Familie Deutschland kam und unter welchen Bedingungen sie zunächst leben musste.

> » Meine Eltern, die wollte flüchten, es ging um die Arbeit. In der Region wo ich herkomme einfach keine Perspektiven da sind. Das ist bis jetzt auch noch so, dass dort jeder arbeitslos ist, dort gibt's auch nicht so was wie Hartz IV wie hier in Deutschland, man ist auf sich allein gestellt es gab schon damals, ja, viele Alkoholabhängige, und das wollte mein Vater aus dem Weg gehen. « […] » Ja, meine Eltern haben uns damals gesagt, wir fahren in Urlaub, haben unsere Sachen gepackt und sind nach Deutschland gefahren und dann sind wir da geblieben und geblieben und irgendwann habe ich dann meine Eltern gefragt, wann wir zurück fahren und da haben die uns gesagt, dass wir nicht mehr zurück fahren. Wir sind also damals geflüchtet, meine Eltern haben uns das nicht gesagt, weil wir halt noch Kinder waren und sie hatten Angst, wir erzählen das den anderen Kindern und die ihren Eltern und das sollte geheim bleiben. « […] » Also, das erste Jahr, wo wir in Deutschland waren war

nicht so einfach, weil wir da bei der Schwester meiner Mutter gelebt haben und ihr Mann war Alkoholiker und auch Choleriker und hat halt auch seine Kinder geschlagen und es war halt nicht so einfach gewesen und dann sind wir nach einem Jahr, haben wir dann Gott sei Dank eine Wohnung gefunden. Und dann war eigentlich nichts mehr Negatives. «

An ihre eigenen Reaktionen auf dieses einschneidende Erlebnis hat sie jedoch nur wenig Erinnerung und schätzt entsprechend die damit verbundene Belastung zum damaligen Zeitpunkt mit einem Skalenwert von 1 als sehr gering ein. Dennoch berichtete sie auch von einigen Negativerfahrungen in ihrem Status als Emigrantin. Langfristig betrachtet bewertet Frau P. ihre Übersiedlung jedoch für ihren persönlichen Lebensweg als positiv.

» Gemischt, zum Teil positiv für mich und zum Teil auch ein bisschen negativ, weil man darunter jetzt noch ein bisschen leidet, dass man ja aus Polen ist. Wenn man nach Polen fährt, um die Familie zu besuchen, heißt es: „Guck mal die Deutsche." Und hier heißt es: „Guck mal, die Polin." Also, man ist also eigentlich […] Immer Ausländer, egal, wo man ist. « […] » Nee, ab und zu denkt man so dran, was wäre wohl aus mir geworden, wenn ich in Polen gelebt hätte, aber das ist dann eher so, gut dass ich jetzt hier bin. « […] » Dass ich hier mehr Möglichkeiten habe, besser zu leben. Arbeit, Schule. «

- *E29: Sexueller Missbrauch*

Im Alter von sechs Jahren erlebte Frau P. beim Spiel mit ihrem damals 14jährigen Cousin einen sexuellen Missbrauch. Sie vertraute sich kurze Zeit später ihren Eltern an, die daraufhin den Verwandten und dessen Eltern zur Rede stellten. Insbesondere die Tante habe Frau P. jedoch keinen Glauben geschenkt und die Ereignisse nicht ernst genommen. Im weiteren Verlauf wurde das Thema innerhalb der Familie eher tabuisiert. Auch ihre eigenen Erinnerungen scheint Frau P. im Laufe der Jahre verdrängt zu haben.

[…] » Meine Tante zum Beispiel hat gesagt: „Er wollte ja nur was gucken, was er in der Schule gelernt hat.", und hat mich gar nicht ernst genommen in der Sache, wo ich gesagt hab: „Ich wollte das nicht.", und sie hat gesagt: „Er hat gesagt, Du wolltest das." Aber hat mich nicht ernst genommen. « […]

» Ich kann mich nicht mehr so genau erinnern, irgendwann mal habe ich das verdrängt, aber im Grunde genommen war es die ganze Zeit in meinem Kopf drin. « […] » Hab ich eigentlich alles schon vergessen, bis zu dem Zeitpunkt, das war dieses Jahr im Januar, wo ich einen Entzug gemacht hab und meine Tante gefragt hat, wo ich bin und meine Mutter dann gesagt hat, dass ich in der Klinik bin. Und sie ist ja immer so neugierig und dann hat sie gefragt: „Weshalb, weswegen?", „Ja, was Dein Sohn ihr angetan hat." Und dann hat sie halt gesagt: „Wieso, da war doch nichts." Also, sie hat es schon komplett vergessen und das ist das, was mir auch sehr weh tut. «

Fast zwangsläufig bewertet Frau P. das Missbrauchserlebnis mit dem höchstmöglichen Wert auf der vorgegebenen Belastungsskala. Aufgrund der jahrelangen Verdrängungsprozesse empfindet sie bis heute jedoch eine größere Belastung nicht durch das Ereignis selbst, sondern vielmehr durch die Ignoranz und den Unglauben ihrer Verwandten. Die aktuelle Belastung bezieht sie daher explizit hierauf und gibt Skalenwerten zwischen 4 und 5 an. Hinsichtlich der langfristigen Auswirkungen dieses traumatischen Erlebnisses wiederum kann Frau P. ganz klare Folgeerscheinungen benennen. So beschreibt sie sowohl ihre sensiblen Reaktionen auf bestimmte Schlüsselreize, wie auch ausgeprägte Ängste und Selbstzweifel.

> » Es hat sich eher schlecht ausgewirkt. Ab diesem Zeitpunkt war ich eigentlich, hab ich festgestellt, so richtig eingeschüchtert von allem. Und hatte ab dem Zeitpunkt immer Angst vor Jugendlichen gehabt. « […] » Ja, also, da es ja mein Cousin war, ist es halt so: Wenn jemand über Cousins spricht, es direkt Klick macht, wenn ich davon irgendwas höre oder wenn jemand über Schwule spricht, dass ich daran erinnert werde, weil mein Cousin ist jetzt schwul. Und es gab dann auch ne Zeit, wo ich gedacht habe, der ist wegen mir jetzt schwul oder, so komisch wie sich anhört, aber so Gedanken macht man sich halt. « […] » Es gibt viele, die so einen Scherz machen: „Oh, guck mal, der ist jetzt schwul geworden, da war die Frau bestimmt nicht gut im Bett." Gut, ich war ein kleines Kind, aber... «

- *E30: Schulwechsel*

Die langfristigen Folgen in Form von Ängsten aktualisierten sich dann, als Frau P. regelhaft von der Grundschule auf eine weiterführende Schule wechselte. In ihrem ängstlichen und zurückhaltenden Auftreten gegenüber den älteren Mitschülern wurde sie offenkundig erneut zum Opfer, diesmal von Hänseleien und Spott.

> » Schrecklich. Da ich ja so Angst vor Jugendlichen hatte und da war von der 5. bis 10. Klasse ja alles vertreten. Und das war einfach... ich wurde gehänselt, dass ich so hässlich bin. Meine Mutter hat uns damals noch gleich angezogen, meine Zwillingsschwester und mich, und das war auch so schwierig, meine Eltern wissen glaub ich gar nicht, was sie uns damals eigentlich angetan haben, dass sie immer unsere Klamotten gekauft haben und wir mussten die anziehen. Die Anderen haben sich das schon so selbst ausgesucht und das war bei uns nicht so. Und, ja, das mit dem Hänseln war ganz schlimm gewesen, dass man gehänselt worden ist. « […]

Frau P. empfand zum damaligen Zeitpunkt eine enorm hohe Belastung (Skalenwert: 10). Welchen Problemen sie sich konkret und tagtäglich ausgesetzt sah, schildert sie detailliert und umfassend.

> […] » Einmal bin ich mit meiner Schwester mit dem Bus gefahren, der immer pünktlich zur ersten Stunde da ankommt, der ist aber immer gerappelt voll gewesen. Ich hab's da schon nicht gemocht, rein zu gehen und da hieß es immer: „Guck mal, eine hässlicher wie die andere. Die mit der Brille ist von allen die Hässlichste." Das war ich. Und, oh, da hatte ich schon echt Panikattacken. Und seit dem Zeitpunkt bin ich dann immer um 6 Uhr schon zur Schule gefahren, also 1 Stunde früher, auch im Winter, und stand dann vor der geschlossenen Schule und hab dann gewartet, damit ich nicht ins Schulgelände laufen muss, wenn schon alle Leute da stehen und mich angucken. Ja, und wegen dem Äußeren, „Guck mal, wie die aussieht.", und was weiß ich. Und dann haben die ein kleines Mädchen, was einen Kopf kleiner war wie ich, aber immer noch, ich hab sie mal im Internet bei Wer-

kennt-wen gefunden, hier auf ganz so „Ach-Ich-bin-was-besonderes" macht, die hat dann mit dem Finger ein Zeichen gemacht, einen Kopf kürzer *(macht die Geste nach),* ne? Ja und dann sind Jungs mitgekommen, mit dem Messer an den Hals halten und „Ich bring Dich um." Und es war ein Spaß und das sind halt so Sachen, die… «

Auf die Frage nach ihren Reaktionen auf die erlebten Schikanen und Anfeindungen antwortet sie wie folgt:

> » Weglaufen. Mich eingesperrt, ich war nur zu Hause, ich hab mich mit Freunden gar nicht getroffen. Ich hatte ein paar Freunde aus der Schule, aber getroffen haben wir uns eigentlich nie, weil ich mich nie getraut hätte, in den Bus zu steigen und zu denen zu fahren. Und, ja, ich war immer nur zu Hause und hab den ganzen Tag Musik gehört, Hausaufgaben gemacht und nur Musik gehört. «

Neben dem beschriebenen Rückzug und Isolation von der Außenwelt berichtete Frau P. jedoch auch wiederholt über die langfristigen inneren Konsequenzen.

> » Ab dem Zeitpunkt hab ich eigentlich nie irgendwas empfunden, dass ich irgendetwas an mir schön finde. Bis jetzt nicht. Es gibt nicht eine Sache, die ich an mir schön finde. «

Die aktuelle Belastung durch ihre Erfahrungen während der Schulzeit beurteilt sie mit einem Skalenwert von 9 noch heute sehr hoch.

- ### *E31: Erste Berufsausbildung*

Nach Abschluss der Schulzeit nach der 10. Klasse begann Frau P. eine Lehre zur Zahnarzthelferin. Zwar hatte sie sich diesen Beruf ausgesucht, zeigte sich aber dann mit den Anforderungen und Arbeitsbedingungen sowie auch dem Umgang innerhalb des Ausbildungsbetriebes überfordert.

> » Es war sehr neu und auch hektisch für mich, ich wurde sozusagen ins kalte Wasser geschmissen. Ich kam zum Vorstellungsgespräch und da kam die Frau Doktor und die hat zusammen mit ihrem Sohn die Praxis geführt und da kam er kurz rein und da hat sie gesagt: „Na, willst du nicht unseren neuen Lehrling kennenlernen?"
> Und er: „Ich hab doch keine Zeit, das weißt du doch Mutter." *(in unwirschem Ton gesprochen).* Und so war mein erster Eindruck. « […] » Ja. Das war gleich am ersten Tag. Es war aber ziemlich anstrengend, weil ich war die einzige Helferin… (…) Meine Arbeitszeiten waren immer, also nicht 8 Stunden, sondern weitaus mehr und mein Gehalt kam auch immer irgendwann mal zu spät. Wie es mir geht und so, hat sich keiner Sorgen gemacht. Es war mein erster Arbeitstag, das weiß ich noch genau, sie hat gesagt, ich soll die Patientin ins Behandlungszimmer setzen, das hab ich getan und da sollte eine Füllung gemacht werden und da guckt er mich an und sagt: „Hier ist ja gar nix vorbereitet!" *(wieder in barschem Ton gesprochen).* Aber, woher soll ich denn wissen, was vorbereitet werden soll, war ja mein erster Arbeitstag. Ja, und so ging's halt weiter. Und da es so hart war, hab ich zwar schnell gelernt und war nicht schlecht, er hat mich dann auch oft gelobt, aber er war kokainabhängig, hat auch Gras geraucht und… getrunken würde ich jetzt nicht sagen, das war normal. Ja, er war halt Choleriker, er ist morgens immer aufgestanden, hat in der Praxis auch gewohnt und ich muss-

te dann um 8 Uhr an seinem Bett stehen und ihn rütteln, weil Patienten schon stehen, dann ist er erstmal gemütlich duschen gegangen und all so Sachen. «

Ihre Reaktionen erinnert Frau P. ebenfalls sehr eindrücklich. Wiederholt fühlte sie sich jedoch auch hier nicht verstanden und unterstützt.

> » Ja, immer geheult und immer gemacht, was die wollten. Und dann hab ich, als ich die Führerschein Prüfung hatte, da bin ich durchgefallen, wollte gerade zur Praxis gehen und da rief mich mein Frauenarzt an, ich soll bitte ganz schnell kommen und da bin ich hin und da hat er mir gesagt, dass ich ein Myom habe und das ich höchstwahrscheinlich keine Kinder mehr kriegen kann und so weiter. Und das hat mich alles halt so, weiß nicht, runter gemacht, dass ich so geweint hab und dann hieß es nur: „Ach, es gibt Schlimmeres!" «

Ihre persönliche Belastung durch die Erfahrungen am Arbeitsplatz ordnete Frau P. zum damaligen Zeitpunkt bei etwa 8, und auch aus der retrospektiven Sicht noch bei etwa 5 auf der Skala ein.

- *E32: Erste Partnerschaft*

Mit 17 Jahren ging Frau P. ihre erste feste Partnerschaft ein. Ihren sechs Jahre älteren Partner beschreibt sie als cholerisch, dominant, kontrollierend und bevormundend, was die Beziehung für sie sehr belastend werden ließ.

> » Ja, als ich ihn kennengelernt habe war er eigentlich so ganz nett und ich war halt noch naiv, sag ich mal, da war ich grade 17. Ja, und… das hat sich halt so eingeschlichen, dass er mehr und mehr aggressiv gegenüber mir wurde. Ich durfte die Haare nur zugebunden tragen, weil er das schöner fand, ich durfte nur noch anziehen, was er wollte, ich durfte nur Salate essen, weil ich zu dick war, damals hab ich 49, 50 Kilo gewogen. Und er hat immer gemeint, ich wär' zu dick, ich durfte nicht essen, was ich wollte, er hat geschlagen, er hat mich aus fahrenden Autos raus getreten, vom Sofa runter getreten, ja und psychisch… «
> […] » Er hat mich psychisch halt total klein gemacht. Er hat dann auch damit angefangen, ich wär' hässlich und „Guck mal wie du aussiehst." Und er ist mit mir nicht weggegangen, ich durfte nichts trinken, nicht einen Schluck. Wenn ich das sagen darf, er war zu blöd, um zu merken… dass er nicht gemerkt hat, dass ich jeden Tag, den ganzen Tag heimlich getrunken hab. Und seinen Eltern ist es schon aufgefallen, aber die haben da nichts gesagt, weil ich zu denen dann gesagt hab: „Ihr sollt aufhören hier zu erzählen, ich trinke zu viel Alkohol, guckt erst mal, was euer Sohn, was euer Sohn mit mir macht." Weil die haben es gesehen, die haben es mitgekriegt, die haben nicht gehandelt, die haben nichts dagegen gemacht. «

Nicht nur fehlte es Frau P. an einer Unterstützung durch die Eltern des Partners, sondern vielmehr scheinen sich auch diese dem Sohn untergeordnet zu haben.

> » Ja, weil wir auch ab und zu bei ihm übernachtet haben. Und das war halt so ein Muttersöhnchen, der kam heim und „Ach, das Badewasser ist schon eingelassen". Morgens, ich dachte, ich seh' nicht richtig, da kommt sie mit Kakao ans Bett und Brote schon für die Arbeit geschmiert und da war ich schon selbständig, also die Sachen habe ich schon alle allein gemacht. Und er hat die Mutter genauso behandelt wie mich. Wenn das Essen nicht ge-

schmeckt hat, dann ist das an der Wand gelandet und es durfte nur Putenfleisch gemacht werden und dann hat sie Putenfleisch gekauft und dann noch extra, alles extra zubereitet und ach, und... «

Auch Frau P. selbst reagierte auf die erlebte Demütigung und Repression seitens ihres Partners wiederholt mit Rückzug und Unterwerfung.

» Geweint. Ich konnte nichts sagen, also ich war wie sprachlos. Das hat ihm natürlich gefallen. Und es war, das war eigentlich auch eines der Ereignisse, was auch noch sehr schlimm war: Ich hatte mit ihm zu schlafen, wann er es wollte, ob ich es wollte oder nicht. Und... ja, im Nachhinein wusste er ja auch, ich sag eh nichts. Ich hab auch nichts gesagt. Er hat dann, wo ich nach vier Jahren endlich mich getraut habe, einen Schlussstrich zu ziehen, hat er mich verfolgt. Überall, auf der Arbeit, egal wo ich war, er war da und hat mich beobachtet, fast ein Jahr lang. « [...] » Ja, und das Selbstbewusstsein war auch komplett hinüber gewesen. «

Entsprechend hoch schätzt Frau P. auch hier wieder ihre damaligen Belastungen ein (Skalenwert: 10), die sie bis dato über exzessiven Konsum von Alkohol zu bewältigen versuchte. Zu dieser Zeit begann sie dann aber auch überdies, sich über autoaggressive Handlungen Erleichterung zu verschaffen. Auch hier spürt sie eine anhaltende Belastung, insbesondere bei vermeintlicher oder realer Reaktualisierung der Erlebnisse in der Gegenwart.

» Ja.... Da hab ich mich ja auch angefangen zu ritzen. « [...] » Ja, weil ab und zu mich irgendwie was erinnert. Also, ich sag mal, wenn wir hier mit den Patienten in der Cafeteria sind oder so und jemand sagt: „Komm, wir gehen eine rauchen.“
Und ich sag: „Nee, ich war eben.“ „Doch, du kommst jetzt!“ Der weiß ja davon nix, aber sagt das dann in dem Ton, so aus Spaß, dann steigt mir die Wut hoch, da könnte ich explodieren und heulen gleichzeitig, weil ich dann so daran erinnert werde. Oder, so allgemein auch Muttersöhnchen. «

Ihre Neigung zu selbstverletzenden Handlungen hat Frau P. bis heute beibehalten.

- ### E33: Zweite Berufsausbildung
Zur Zeit ihrer zweiten Lehrausbildung zur Bürokauffrau setzte Frau P. Alkohol bereits regelmäßig zur Problembewältigung ein und erfuhr dann auch erstmalig Konsequenzen ihres übermäßigen Konsums. Um diesen Problemen aus dem Weg zu gehen und ihre Leistungsfähigkeit zu steigern, stieg sie kurzfristig sogar auf illegale Drogen um.

» Ja, also, es war eigentlich eine Firma, so was gab's da nicht, so Probleme wie bei dem Zahnarzt. Allerdings war ich dann, es war schon ziemlich stressig gewesen, weil man musste ja schnell die Aufträge bearbeiten, die Kunden brauchen ja ihre, es war ein Sanitätshaus, ihre Hilfsmittel und da war es halt auch schon wichtig, dass man zügig arbeitet. Ja, und da ich ja getrunken habe, hab ich öfters auch mal was vergessen und irgendwann ist das aufgefallen, dass ich getrunken habe und der Chef wusste dann, dass ich trinke, ja, und nach der Ausbildung wurde ich dann nicht übernommen. « [...]

» Ja. Ne Zeitlang habe ich dann auf der Arbeit gar nicht getrunken, hab dafür aber Peace gezogen, weil man dadurch aufmerksamer war und da sind mir auch viele Sachen eingefallen, die ich da vergessen hatte. Und dann sind mir so viele Sachen eingefallen, die ich vergessen hatte, dass ich das gar nicht mehr wissen wollte. Und dann hab ich wieder erst nur am Wochenende oder ab und zu auf der Arbeit, wenn ich morgens verkatert war vom Tag zuvor, da hab ich dann getrunken, damit ich in die Gänge komme und da konnte ich dann auch richtig gut arbeiten. «

- **E34: Zweite Partnerschaft**

Über ihre zweite Ausbildung lernte Frau P. dann auch ihren heutigen Partner kennen, mit dem sie zunächst eine glückliche Beziehung führte. Das Verhältnis wurde jedoch bald durch den starken Alkoholkonsum und ihre nicht mehr zu verbergende Abhängigkeit überschattet. Frau P. geht davon aus, dass ihr Partner aufgrund der schwierigen Erlebnisse mit ihr als Suchtkranke selbst psychosomatisch reagierte.

» [...] Ich hab ihm natürlich verheimlicht, dass ich trinke, das hat er auch gar nicht so gemerkt. Ja, und dann sind wir zusammengekommen und es war eigentlich alles perfekt, weil er hat mir...ich muss sagen, im Endeffekt, das ist mir bis jetzt noch peinlich, wenn er mir Sachen schenkt, wenn er einkaufen fährt und er bringt mir immer irgendetwas mit ja, und... er ist so ganz anders zu mir, wie ich das kenne. Und, ja.. er tut halt viel für mich. « [...] » Ja, etwas was mir nicht *(unverständlich)* ist, also er hat in der Zeit, wo es ganz schlimm war, kurz bevor ich hierher gekommen bin, davor schon, kreisrunden Haarausfall gekriegt, da hat er kaum noch Haare gehabt. Und als ich dann hierher kam, sind die Haare wieder gewachsen. « [...]

» Und daran merke ich, wie viel Sorgen ich ihm bereitet habe, also das ist dann, dass man es so richtig noch mal gesehen hat, wie schlimm das für ihn war. «

Die vermuteten Belastungen des Freundes und die Annahme, dass sie der Auslöser hierfür sei, produzieren bei Frau P. wiederum starke Schuldgefühle, die sie mit einem Skalenwert von 9 erneut als sehr hoch beurteilt.

» Ich möchte ihn halt nicht mehr enttäuschen. «

Somit kann festgehalten werden, dass nicht die Beziehung selbst, sondern vielmehr die Auswirkungen ihrer Suchterkrankung auf die Partnerschaft Frau P. belasten.

- **E36: Fehlgeburt**

Im Rahmen ihrer zweiten Partnerschaft wurde Frau P. im Jahr 2006 schwanger, entgegen ihrer Erwartungen, überhaupt Kinder bekommen zu können. Da sie sich bereits als Jugendliche sehnlichst ein Kind gewünscht hatte, stellte die wenige Tage darauf erfolgte Fehlgeburt einen enormen Verlust für sie dar. Zu diesem Zeitpunkt trank sie bereits übermäßig.

» Das war ganz schrecklich, ich bin einfach zusammengebrochen. Ich war dann... nur noch stock besoffen. Ich hab erfahren, dass ich schwanger bin, da war ich im vierten Monat, drei

Tage später habe ich es schon verloren. Und ab dem Zeitpunkt, als ich wusste, dass ich schwanger bin, hab ich auch nichts getrunken. Trotzdem mache ich mir bis jetzt Vorwürfe, dass ich halt getrunken hab und es wurde mir auch gesagt, dass mein Kind nicht auf die Welt kam, dass ich dran schuld bin. « […] » Das hat meine Mutter gesagt und das hat S. gesagt. Wobei, ich will das am besten immer vergessen, dass sie das gesagt haben, weil ich dachte, vielleicht haben die aus Affekt das gesagt und da hab ich auch kurz mal mit denen darüber geredet und da haben beide in einem normalen Ton gesagt: „Ja, es ist aber so, hättest du nicht getrunken, dann hättest du das Kind vielleicht noch." Das war aber trotzdem ganz schlimm für mich, weil ich hab ja die ganzen Jahre nicht verhütet. Ich hab ja gedacht, ich kann nicht schwanger werden und ich hab eigentlich schon mit 14 immer gesagt: „Ich will eine ganz junge Mutter werden." Und dann bin ich schon mal schwanger und dann hab ich's verloren. Das war ganz ganz schlimm für mich. «

Auch hier entwickelte Frau P. also massive Schuldgefühle und Selbstvorwürfe, die lange anhielten und eine große Belastung darstellten. Das Thema Kinder wurde schließlich für Frau P. zum zentralen Lebensinhalt und beschäftigt sie bis heute.

» Ich träume jede Nacht, dass ich ein Kind habe oder dass ich schwanger bin. Wenn ich Kinder sehe, dann glitzern meine Augen, wenn ich sehe, dass jemand schlecht mit dem Kind umgeht oder schwanger ist und sich dafür eigentlich nicht interessiert, dann werde ich wütend. Dass Menschen ein Kind nach dem anderen auf die Welt bringen und sich nicht darum kümmern und Frauen, die Kinder wollen, keine kriegen. « […]

» Das war ganz schlimm, als ich hier mir das Zimmer teilen musste mit einer Dame, die schwanger war, aber da wussten Sie das nicht, dass ich so Probleme hab. Das war schlimm für mich, weil ich gesehen hab, wie sie damit umgeht und sie hat ja schon zwei Kinder, die sie wegen dem Alkohol auch verloren hat. Ach, sowas kann ich gar nicht begreifen, aber…Ich bin ja selbst Alkoholikerin, aber da wo ich erfahren hab, ich bin schwanger, hab ich auch nicht mehr getrunken. Ich weiß ganz genau, dass ich, das ein Grund für mich wäre, auf jeden Fall nicht mehr zu trinken. Ich weiß nicht, was passieren würde, wenn ich jetzt schwanger werden würde und würde das Kind noch mal verlieren. (…) Ich müsste…. viel irgendwie… Nähe zu jemandem haben, also es müsste eigentlich jemand ständig bei mir sein. « […] » Ja, ich hab auch schon viel Geld dafür rausgeworfen. Jeden Monat einen Schwangerschaftstest und jedes Mal, wenn ich meine Periode kriege, denke ich: „Scheiße, du hast wieder deine Periode." […] Ja, jeden Monat das Gleiche. Ich denke nur an das Eine, wenn ich meine Periode hab: „Ich bin nicht schwanger." «

D   Individuelle Bedeutung für den Suchtverlauf

Frau P. sieht insgesamt viele Bezüge zwischen den geschilderten Lebensereignissen und ihrer Suchterkrankung. Ursächlich für ihr Trinken sieht sie dabei oft ihre massiven Selbstzweifel und ihr geringes Selbstwertempfinden. Sie erlebt sich von ihrer Umwelt häufig nicht ernst genommen und nicht respektiert.

Eine wichtige Ursache hierfür liegt ihres Erachtens auch in dem Erleben des sexuellen Missbrauchs und vor allem des folgenden innerfamiliären Umganges.

» Ab dem Zeitpunkt war ich ja eingeschüchtert, hab mich von allem zurückgezogen und weil mir ja keiner geglaubt hat, außer meinen Eltern, dachte ich immer, ich bin so unwichtig. Und das sind Sachen, wo ich, jetzt, wo ich die Sucht hatte, auch getrunken habe. Aus Angst und weil ich halt einfach nicht respektiert werde. «

Der Wechsel auf eine neue Schule und die dort gemachten Erfahrungen ließ Frau P. bereits früh in einen regelmäßigen und funktionalisierten Alkoholkonsum einsteigen.

[…]» Dann war's ganz schlimm, weil ich ja so Angst vor Jugendlichen hatte und es gibt ja immer in Schulen, in jeder Klasse irgendein Mädchen und einen Jungen, die immer den Chef spielen und die auch immer aggressiv sind und sich prügeln und so. Das war die Hölle für mich. Wenn auch ein Sportfest war, ich hab gesagt: „Ich geh nicht hin." Hab gebettelt bei meiner Mutter: „Bitte schreib mir eine Entschuldigung." Weil geschwänzt hab ich so in dem Sinne nie. Aber, dann hab ich halt den Alkohol gefunden, hab ich angefangen zu trinken, da konnte ich nicht in die Schule gehen. « […] » Ja. Damals habe ich ja auch angefangen zu trinken. «

Später versuchte Frau P. durch ihren Alkoholkonsum auch Belastungen am Arbeitsplatz zu reduzieren.

» Ja, ich musste alles einstecken, ich hab auch immer alles eingesteckt und hab natürlich auch schon längst getrunken. Ich bin morgens aufgewacht, hätte um halb 8 anfangen müssen, die Instrumente zu sterilisieren und ich war aber schon um zwanzig nach 6 dann da und hab die Türen aufgemacht, meine ganzen Sachen geholt, bin dann hoch und hab gemütlich dann getrunken und gleichzeitig die Arbeit vorbereitet. Ja, damit ich entspannt anfange, weil ich hab das mal ohne Alkohol probiert und bin dann mit Magenkrämpfen zur Arbeit und ab dem Zeitpunkt hab ich dann regelmäßig auf der Arbeit getrunken. Wobei ich ja vorher in der Schule auch schon immer Alkohol getrunken habe. «

Eine weitere Zunahme ihres Konsums erlebte sie dann auch im Zuge der problematischen Partnerschaft.

» Insgesamt, also, sehr schlecht, weil ab dem Zeitpunkt war das mit dem Alkohol immer mehr und mehr, es war schon heftig, weil ich hab schon den ganzen Tag getrunken, aber ab dem Zeitpunkt war es so, dass ich wirklich, dass ich so viel getrunken hab, dass ich kaum noch stehen konnte oder …, das war dann jeden Tag. «

Als Frau P. im Rahmen der zweiten Partnerschaft schwanger wurde und das Kind verlor, steigerte sich ihre Trinkmenge weiter. Sie erhielt überdies massive Vorwürfe aus ihrer Umwelt, sie habe das Kind wegen des Trinkens verloren. Diese Vorhaltungen nutzte sie wiederum, um ihr massives Trinken zu rechtfertigen.

» Ja, da hab ich eigentlich einen Grund mehr gehabt, um meiner Familie, wenn die mal gesagt haben: „Du bist schon wieder betrunken.", zu sagen: „Ja, weil ich so darunter leide."

Eigentlich nur, naja, Ausrede kann man das so nicht nennen, ich hab wirklich darunter gelitten, aber das war eigentlich so, ja, da können die nicht böse auf mich sein. Da hab ich dann weniger aufgepasst wegen dem heimlich trinken. Da war ich nicht mehr so vorsichtig.« [...] » Aber ich hab dann nicht mehr jeden Tag so verheimlicht oder nicht gut genug verheimlicht manchmal und mir das dann erlaubt, wenn die das jetzt merken, dann sag ich einfach, das ist wegen dem Kind. « [...] » Ja. Dann war es aber so, dass irgendwann mal, die Frage kam: „Du kannst doch nicht andauernd trinken, nur weil du das Kind verloren hast. Denk mal anders, trink nicht, damit du mal ein gesundes Kind bekommst." Und ab dem Zeitpunkt hab ich wieder richtig heimlich getrunken. «

Frau P. vermittelte bezüglich ihres Trinkens einen hohen Leidendruck. Sie ist sich ihrer mangelnden Selbstkontrolle offenkundig sehr bewusst, weshalb sie sich auch auf den Vorschlag des Partners zur privaten Anschaffung eines Alkoholtestgerätes einließ.

» Ja, er hat mich vorher aber gefragt. Er hat halt gesagt: „Ich kaufe jetzt nicht einfach ein Gerät. und ‚So, du musst jetzt pusten'." Sondern da hat er gefragt, ob das ok ist und da hab ich gesagt: „Ja, weil ich will ja jetzt auch aufhören." Und ich dachte, dass dieses Pustegerät mir dabei helfen wird, weil wenn ich nach Hause komme, muss ich pusten. Und wenn ich puste und er merkt, ich hab was getrunken, dann Ende der Beziehung. «

Als ihr Erklärungssystem nach Außen jedoch nicht mehr aufrecht zu erhalten war, setzte Frau P. fortan enorme Energien und Kreativität ein, um ihren Konsum weiter verbergen zu können. Welche Mittel sie sich dazu einfallen ließ, schilderte sie eindrücklich.

» Extra länger gearbeitet, das Pustegerät, was S. gekauft hat, manipuliert, auseinander gebaut, Röhrchen umgesteckt, so dass ich nur ins Gehäuse geblasen hab und es nur 0 angezeigt hat. Bis er es herausgefunden hat. Dann hab ich es einmal fallen gelassen, da war's kaputt und da dachte ich: „Endlich!". Da hat er es wieder zusammen gelötet. Jetzt funktioniert es wieder. « [...] » Natürlich, dann hab ich das mitgenommen und im Winter draußen im Auto liegen gelassen. Wenn es nicht eingefroren war, hat das Gerät auch immer 0 angezeigt. Also kommt dann ein Trick nach dem anderen, den man herausfindet, wie man ihn täuschen kann. Oder man nimmt Ohrstäbchen, tunkt die in Alkohol, hält es dann vorher 1,2 Sekunden rein und dann, egal, wie viel man getrunken hat, man kann reinpusten und es zeigt auch 0 an. Weil es schon im Sensor Alkohol hat. « [...] » Ja. Das hat Nerven gekostet, das alles herauszufinden. «

3.2.6 »Ich hatte unheimliche Selbstzweifel.« (Interview VI)

A   Persönlichkeitsvariablen

Frau S. ist 52 Jahre alt und alkohol- und nikotinabhängig. Neben ihren Hauptsuchtmitteln hat sie mit keinen anderen psychotropen Substanzen Erfahrungen gemacht. Diagnostisch war bei Aufnahme eine rezidivierende depressive Störung, gegenwärtig remittierend feststellbar. Darüber hinaus besteht kein Verdacht auf das Vorliegen weiterer Komorbiditäten.

B   Art der genannten Ereignisse

Frau S. differenzierte insgesamt neun prägende Lebensereignisse. Ihre Kindheit bewertete sie als durchweg positiv und verknüpfte entsprechend nur positive Erinnerungen mit diesem Lebensabschnitt. Als besonders beeinflussend empfand sie dabei den besonderen familiären Zusammenhalt **(E37)**, den sie später auch in ihrer eigenen Familie herzustellen versuchte. Durch den Umgang mit ihren drei Brüdern sei auch sie eher ein „wildes Kind" gewesen **(E38)**, habe sich nicht wie ein typisches Mädchen verhalten. Hierdurch habe sie gelernt, sich durchzusetzen, sich nichts „gefallen zu lassen". Im Bereich der Jugend erinnerte sich Frau S. besonders an ihr erstes Rauscherlebnis **(E39)**, sowie an ihre Ausbildung und anschließende Tätigkeit als Arzthelferin **(E40)**. Positiv sind ihr die Geburten ihrer insgesamt drei Kinder sowie ihres Enkelkindes in Erinnerung **(E41)**. Daneben berichtete Frau S. jedoch auch eindrücklich von diversen Verlusterlebnissen in ihrem Leben. So schilderte sie den frühen und unerwarteten Tod ihres Vaters **(E42)**, des Bruders in 2005 **(E43)**, die Trennung von ihrem Ehemann in 2006 **(E44)** sowie den Tod der Mutter im Juni 2009 **(E45)**.

C   Individuelles Belastungserleben

Frau S. konnte gut reflektiert über das persönliche Erleben einzelner Lebensereignisse berichten. Sie differenzierte dabei sehr klar zwischen belastenden und nicht belastenden Erfahrungen. Mit einem Belastungsempfinden verbunden stufte sie insgesamt fünf der genannten Ereignisse ein.

- *E40: Tätigkeit als Arzthelferin*

Frau S. ist gelernte Arzthelferin und arbeitete zunächst auch noch in ihrer Ausbildungspraxis weiter. Aus finanziellen Gründen wechselte sie entgegen aller Erwartungen von Außen die Arbeitsstelle. Doch auch am neuen Arbeitsplatz ergaben sich für Frau S. Unzufriedenheiten.

> » Bei […], wo ich gelernt hab und wo ich auch war, hab ich '79, im April muss das gewesen sein… Warten Sie mal, ja, im April aufgehört und zwar ging es da um Geld. Ich wollte 1000 Mark netto verdienen. Und da hat er gesagt, nö, macht er nicht, also ich hab da auch die Abrechnung gemacht und und und. Und hab gesagt: „Dann geh ich." Und da hat er gesagt: „Das machst du eh nicht." Weil ich hab gerne als Arzthelferin gearbeitet, hat mir sehr viel Spaß gemacht. Und da hab ich gesagt; „Doch, das mach ich." […] » Auf jeden Fall hatte ich dann einen Job bei der AOK. Und da bin ich dann auch da hin, was jetzt so im Nachhinein so… Also das war schon, es ging einfach nur ums Geld, glücklich hab ich mich da nicht unbedingt gefühlt. Weil die auch unterm Dach juche, keine Kunden mehr, keine Menschen mehr, keine Patienten mehr, sondern einfach nur geschrieben und kontrolliert. Also, das hätte ich wahrscheinlich auch nicht fürchterlich lange gemacht. «

Mit Geburt ihrer ersten Tochter in 1982 beendete Frau S. ihre berufliche Tätigkeit als Arzthelferin, wodurch weitere und anhaltende Belastungen an diesem Arbeitsplatz entfielen. Im Rahmen der Kindererziehungszeiten arbeitete Frau S. zwar stets noch auf 400-€-Basis, jedoch nicht mehr in ihrem erlernten Beruf.

- ### E42: Tod des Vaters
Frau S. war 22 Jahre alt und hatte gerade ihre neue Tätigkeit bei einer örtlichen Krankenkasse begonnen, als ihr Vater unerwartet infolge eines Betriebsunfalls verstarb. Die genauen Umstände schilderte sie sehr detailliert.

> » Und dann hab ich da grad angefangen und im... Julei ist mein Vater verunglückt, Mitte Julei, da hab ich da gearbeitet. Zu der Zeit hatten wir zu Hause auch noch kein Telefon, das kann man heute ja gar nicht mehr so nachvollziehen, 30 Jahre her. Und da haben die bei der AOK angerufen und die AOK ist unterhalb vom Krankenhaus. Und da bin ich da halt hin und der Vater, der da gelegen hat, hat er gesagt: „Ja, ich bin hier so ne Decke runter gefallen." sagt er, „Und bin mit dem Rücken auf die Kellertreppe, auf die Betontreppe und auf einmal ist mir schlecht geworden." Der muss also da auch noch über eine Stunde gesagt haben: „Ok, ist in Ordnung." Und da haben die Kollegen den ins Krankenhaus getan. Und da hab ich gesagt: „Hast du Schmerzen oder was?" „Nee, mir ist nur schwindlig." und ding, sagt er schon, hat er so kalte Füße gehabt. Und ich wusste ja nun mal, wenn irgendwo was blutet, von meinem Job her. Dann lagen da die Blutwerte und da war dieser HB-Wert, also dieser... Blut... also der muss ja eine bestimmte Höhe haben und der war ganz runter. Und da hab ich gesagt, da stimmt irgendwas nicht und da hab ich auch nur geklingelt und da kamen die auch schon mit drei-vier Leuten, in der Zeit hatten die dann festgestellt, beim Vater war die Milz abgerissen. Na gut, bis der dann unter's Messer kam, mein Vater war so ein Zwei-Zentner-Mann, und dann haben die den operiert und ja, und tralala und hopsasa auf jeden Fall ist dann, bei der OP dann muss der schon so voller Blut gewesen sein, und da ist er dann auch auf die Intensiv, und die Lunge hat dann nicht mehr mitgespielt und dann haben die den relaxiert, also ruhig gelegt und tralala und hopsasa und irgendwann, 14 Tage hat er ja noch gelebt, und ja in der Nacht bevor er gestorben ist, waren wir halt mit allen, mit allen, ganze family da. Waren wir bis morgens und um 6 rum, mein Bruder, mein ältester Bruder hat noch studiert, der ist dann wieder weg und die Anderen sind arbeiten und ich bin dann halt eben bei meiner Mutter geblieben. « [...] » Und ich war dann bei meiner Mutter. Wir waren dann eigentlich, ja, der hatte die Nacht überstanden, wir waren, ja sonst wären wir wahrscheinlich auch nicht jeder seiner Arbeit nach gegangen und... Ja, und auf einmal so um 11 rum kam dann ein Telefonanruf bei der Nachbarin, die hatten in der ganzen Straße das einzige Telefon, ein Sohn soll ans Telefon kommen. Und es war ja keiner da, da war ich halt da: „Ihr Vater ist vor 10 Minuten verstorben. «

Auch an die besonderen Ereignisse in den Folgetagen sowie die Beisetzung des Vaters erinnert sich Frau S. in Einzelheiten.

> » Also, das war grausig. Ja, und dann hattest Du auch noch kein Auto oder kein Auto da, ja und dann mein Onkel, meine Tante, bis die alle wieder bei waren, meine Geschwister wie-

der, mein Bruder ist dann von G. angerast, also das war fruchtbar… Und da sind wir ins Krankenhaus gekommen, mein Vater lag gar nicht mehr in dem Bett wie vor 14 Tagen, sondern in so einem… ja, das war auch grausig, in so einem Kellerraum. Also, das war… ja, heute sehe ich das wieder anders, war halt so gefliest von oben bis untern und da standen so ein paar künstliche Blumen, und war so ein roter Vorhang vor, wie so eine Kabine, also das war kein Kühl..dings, aber wie so ne… Ja, dieses schrecklich helle Weiß, gefliest so und diese künstlichen Blumen, das war schon… « […] » Und das war ja dann auch ein Arbeitsunfall und die Berufsgenossenschaft, die hat den dann, der ist ja dann, 5 Tage ist er noch untersucht worden. Weil, die mussten dann ja für ihn bezahlen und dann ist er, am 05. August, am 30. Juli ist er gestorben und am 05. August ist er dann beerdigt worden. Und das weiß ich auch noch, da kommen die ja zu uns in die Leichenhalle, meine Geschwister, wir wollten eigentlich alle noch mal da hin und dann sind aber meine Brüder und mein Onkel da hin gefahren und die haben dann, sagt man bei uns, die haben dann grad zumachen lassen, und meine Mutter und ich, das haben die also dann nicht zugelassen. Ich denk mal, keine Ahnung, der wird sich dann schon nicht mehr so ähnlich gesehen haben. «

Insgesamt gibt Frau S. im Zusammenhang mit dem Tod des Vaters zum Zeitpunkt des Geschehens die höchst mögliche Belastung an (Skalenwert: 10). Und auch heute leidet sie noch unter dem Verlust. Befragt nach der konkreten Belastungsstufe, antwortet Frau S.:

» Ich würde schon sagen, so teilweise schon zwischen 4 und 5, würde ich schon noch sagen. Ja, das ist dieses… Was-wäre-wenn, glaub ich. Also, jetzt nicht auch unbedingt nur negativ, sondern auch, was wäre in so vielen Dingen, wenn mein Vater noch da gewesen wäre. «

Frau S. gibt an, phasenweise auch vom Vater geträumt zu haben. Heute denke sie nur noch oft an ihn, insbesondere in Belastungssituationen und in der erneuten Konfrontation mit dem Thema Tod.

» Ich würde jetzt sagen, so, wie meine Mutter so krank war, da hab ich schon wieder öfters… aber jetzt, ich kann jetzt nicht sagen in Abständen von zwei Monaten oder drei Monaten, manchmal hab ich auch ein ganzes Jahr überhaupt nicht… schon an meinen Vater gedacht, das schon, an den denke ich schon öfters, aber geträumt… Nee. Das war eher so, so ganz am Anfang. «

- **E43: Tod des Bruders**

Frau S. ältester Bruder erkrankte in 2002 an einer Krebserkrankung. In dieser Krisensituation erlebte Frau S. zwar eine Belastung, jedoch auch wieder den früheren familiären Zusammenhalt.

» Und Ende 2002 ist das dann bei meinem Bruder festgestellt worden, mit dem Lungenkrebs. Und da haben wir das ja auch alles, halt Familie, das ist so, das haben wir auch alles mitgetragen. « […] » Gut, mein Bruder war auch sehr stark, der war auch immer positiv. Eigentlich so bis die letzten 4 Monate, wo er gestorben. Meine Mutter ist ja dann immer auch selber Auto gefahren, aber da hab ich sie dann eigentlich immer hingefahren, was heißt, eigentlich immer, weil sie wollte dann auch nicht mehr. Dass sie nicht zweimal die Woche mindestens, das ist ja auch, von den Kilometern her gesehen, ist das halt nicht weit, 12 Kilometer. «

Nach drei Jahren verstarb der Bruder schließlich an den Folgen seiner Krankheit im Alter von 53 Jahren. Hierdurch fühlte sich Frau S. zwar deutlich belastet, interpretiert den Tod des Bruders retrospektiv jedoch auch als eine Erlösung von seinem Leiden und kann somit von ihrer eigenen Trauer wieder Abstand gewinnen.

> » Und da haben wir den besucht und da hast du schon gesehen, dass er, er konnte ja nachher auch nicht mehr, das war ja dann auch… erlösend. Das hat mich auch sehr belastet. «
> […] » Das ist… wieder anders. Es ist belastend schon, dass er tot ist, aber… Da bin ich dann wieder so, das war dann auch gut, dass er gehen durfte. Also, ich weiß jetzt nicht, wie ich das einschätzen soll, er ist halt auch nicht mehr da… ja, ne 2, zwischen 2 und 3. «

- ### *E44: Trennung vom Ehemann*

Frau S. war in zweiter Ehe insgesamt 19 Jahre verheiratet. Das Familienleben mit den gemeinsamen Kindern sowie die Beziehung zu ihrem Ehemann erlebte sie als positiv und harmonisch. Entsprechend unerwartet traf sie die Entscheidung ihres Ehemannes in 2006, sich von Frau S. zu trennen, um mit einer anderen Frau zu leben. In diesem Zusammenhang erlebte Frau S. neben der Trauer um den Verlust auch eine Vielzahl anderer intensiver und belastender Gefühlen.

> » Ich glaub, wenn es da 11 oder 12 gäbe… « […] » Ja, das war der Hammer. Da habe ich ja echt gedacht, jetzt ist alles hier, jetzt bricht mein ganzes Kartenhaus bricht hier zusammen. Da hab ich echt gedacht, mir reißt es den Boden unter den Füßen weg. «
> […] » Schmerz. Auch Wut, Wut. Und dann als dieses Selbstfragen, was hast du falsch gemacht, was hab ich falsch gemacht. « […] » Ja, unheimliche Selbstzweifel. Ja, wie konnte das so… Wut auch, und halt den Hass dann auch irgendwann, ohh! Ich glaube, ich hab dem die Krätze an den Hals, also und das muss ich ganz ehrlich sagen, was man ja nicht… aber dem, dem, hab ich gedacht, würdest du doch umfallen, wärst tot. «

Im Laufe der Jahre ist es Frau S. aus ihrer Sicht ganz allmählich gelungen, sich von ihren negativen Gefühlen besser zu distanzieren und die Trennung zu verarbeiten.

> » Komischerweise…komischerweise, wenn ich den heute sehe… ich hab gedacht, ich müsste sterben oder mich irgendwo runterstürzen, also so schlimm hab ich das empfunden, so vom inneren Schmerz her. Heute… ich kann den heute angucken und denk ich: „Hallo, mit dem Mann warst du…?“. Also zusammen waren wir 21 Jahre, verheiratet 19 und 21 Jahre zusammen. «

Seit Januar 2009 ist die Ehe geschieden. Frau S. lebt außerdem seit einigen Monaten wieder in einer festen Partnerschaft, innerhalb derer sie nach eigenen Angaben sorgsam auf ihre Unabhängigkeit und Eigenständigkeit achtet.

- *E45: Tod der Mutter*

Für Frau S. besonders aktuell ist der noch nicht lange zurückliegende Tod ihrer Mutter im Juni 2009. Auch die Mutter litt an einer Krebserkrankung und wurde bis zuletzt von Frau S. gepflegt. Ähnlich wie bei dem Bruder kann Frau S. auch im Tod der Mutter ein Ende des Leidens sehen und fühlt sich dadurch in ihrer eigenen Belastung erleichtert.

> » [...] Das ist, war auch sehr schlimm, aber... halt für meine Mama gut. Es ist auch ne Trauer da, die ist auch jetzt noch da, aber... Das würde jetzt nix mit meinem Trinkverhalten... das würde ich jetzt nicht... weil es gut für die Mama ist. « [...] » Davor habe ich , war ich eigentlich 7 Wochen rund um die Uhr bei der Mutter. Die hat dann nur noch Morphium gekriegt, musste auch gebettet werden, alles Dinge, die sie eigentlich nie wollte. Also, meine Mutter auch nicht. «

D   Individuelle Bedeutung für den Suchtverlauf

Frau S. sieht in ihrer persönlichen Kindheits- und Entwicklungsgeschichte keine ursächlichen Zusammenhänge mit ihrer Suchterkrankung. Auch erste Erfahrungen mit Alkohol im Jugendalter sowie ihr erstes Rauscherlebnis bewertet sie als unbedenklich und der gesellschaftlichen Norm entsprechend.

> » Ja, also, da war natürlich mein erstes Mal Alkohol trinken. Da war ich 15 und ich durfte ja immer mit meinen Brüdern auch weg, weil die ja auf mich aufgepasst haben. Aber das ist ja auch ganz normal, dass man in dem Alter dann mal ein Bier trinkt oder so. Ganz unspektakulär, finde ich. Da war das alles noch, ja, ich würde sagen, normal so vom Trinken her. « [...] » Nein, belastend eher nicht. Nur nothochpeinlich! Das hat auch sicher nix mit meiner späteren Sucht zu tun. Eher im Gegenteil, hätte mich abschrecken sollen. «

Auch im weiteren Verlauf beschreibt Frau S. für sich einen Trinkstil, der ihres Erachtens zwar bereits durch eine gewisse Regelmäßigkeit geprägt war, jedoch noch der gesellschaftlichen Norm entsprach.

> [...] » Auf Feiern, in der Familie, auf Familienfeiern ist immer getrunken worden bei uns. Oder mit Bekannten oder Freunden oder Du bist auch mal weggegangen oder in der Disco oder... in die Kneipe und hast auch da mal was getrunken. Halt, wo ich dann sagen würde, vielleicht andere schon sagen würden: „Ohoh!" Das war für mich kein Trinken, also kein Saufen, sagen wir mal so... «

Konkrete Auslösesituationen für einen Anstieg ihres Trinkens kann Frau S. nicht benennen, sondern sieht die Entwicklung eines problematischen Trinkverhaltens eher als prozesshaftes Geschehen. Eine erstmalige Steigerung der Trinkmenge bemerkte sie jedoch innerhalb ihrer zweiten Ehe.

> » [...] Irgendwann kam dann die Zeit, wo ich auch mehr getrunken habe. Das war dann halt eher so ein schleichender Prozess. Wenn Sie mich da jetzt so fragen würden, was war da jetzt so der ausschlaggebende Punkt, kann ich nicht sagen. Da waren halt mehr Feiern oder man hat sich auch mal bei uns getroffen oder bei Freunden getroffen, „Was trinkste?" Der eine hat Rotwein getrunken, der andere hat Bier getrunken. Das war dann mehr so ... kam einfach. Oder erster Mai und ups, da kamen dann auch noch die Schnäpse mit auf'n Tisch.«

» [...] Da hab ich auch daheim noch nix, also... schon um Gottes Willen, hast jetzt in der Adventszeit oder Herbstzeit, haben wir uns schon auch vor den Fernseher gesetzt oder ein Buch gelesen, Flasche Wein dabei getrunken. Das war aber nix, wo ich mir jetzt sagen muss, da ging ein Schalter um und ab da hast Du gesoffen. Das stimmt nicht. «

Auf konkretes Nachfragen bringt Frau S. einzelne Lebensereignisse z.T. nur vage, z.T. sehr eindeutig mit ihrer Suchterkrankung in Verbindung. So vermutet sie vor allem in Zusammenhang mit dem Tod des Vaters auch unbewusste Vorgänge, die ihr Trinkverhalten, wenn auch zu einem späteren Zeitpunkt, möglicherweise beeinflusst haben könnten.

» [...] Der hat mir auf der einen Seite unheimlich, fehlt mir heute noch viel und auf der anderen Seite vielleicht auch bisschen, weil ich böse darüber bin, war oder... zu dieser Zeit ganz besonders. Meinen Vater konnte ich immer um Rat fragen: „Was meinst Du denn?" Der hat jetzt nicht gesagt: „Mach so oder so." Aber allein, wir hatten schon ein besonderes Verhältnis. War halt, wie ich schon gesagt hab, bin sein Prinzesschen und... Ich konnte auch mit meinem Vater über alles... es gab kein Thema, was es da nicht gab. « [...] » Das ist jetzt schwer zu erklären....Ich weiß nicht, wie ich das erklären soll.... Das, das hat vielleicht jetzt nicht vier Wochen oder fünf oder sechs Wochen danach, wo mein Vater nicht mehr da war angefangen. Ich kann das jetzt nicht sagen, das hat jetzt danach angefangen. Ich hab ja dann auch Kinder gekriegt, wo ich überhaupt nix getrunken habe, also... Aber ich denke ganz einfach, vielleicht hab ich in verschiedenen Situationen mehr getrunken, um mir vorzustellen, ja, oder in einer anderen Welt zu sein, um mit meinem Vater... das klingt jetzt ganz hochtrabend... zu kommunizieren.
Wissen Sie wie, verstehen Sie, wie ich das meine? « [...]»Also, das ist ja nicht realistisch, das hat ja nix mit Realität zu tun. Du kannst dich nicht, du kannst dich nicht... Aber das, glaub ich, hab ich dann schon auch gemacht, in eine Traumwelt... Traumwelt? «

Ebenso schließt Frau S. nicht aus, dass auch der Tod des Bruders einen negativen Einfluss auf ihr Konsummuster gehabt und somit die Entwicklung einer Suchterkrankung gefördert haben könnte.

» .... Unbewusst sicherlich, ja.....unbewusst sicherlich, ja, doch. Ja, doch. «

Sehr eindeutige Zusammenhänge sieht Frau S. hingegen in der Trennung von ihrem Ehemann in 2006, da sie ab diesem Zeitpunkt Alkohol nicht nur vermehrt getrunken, sondern auch gezielt zur Bewältigung unangenehmer und belastender Gefühle eingesetzt hatte. Im Zuge der sich allmählich entwickelnden Suchterkrankung steigerte sie dann ihre Trinkmenge zusehends. Ab 2007 trank sie bereits täglich so große Mengen Alkohol, dass eine weitere Steigerung der Trinkmenge in besonderen Belastungssituationen wie beispielsweise der Erkrankung der Mutter für sie gar nicht mehr vorstellbar ist.

» Nee, ich war zu dieser Zeit dann ja schon wirklich voll drauf. Also, das hat sich jetzt dadurch nicht noch mal gesteigert. Da war, glaub ich nicht, auch keine Steigerung mehr unbedingt möglich. Da war es eh schon sehr sehr schlimm. «

3.3 Überblick über die Ergebnisse

Insgesamt konnten im Rahmen der sechs durchgeführten Einzelinterviews 45 voneinander abgrenzbare Ereignisse eruiert werden. Dabei reichte im Vergleich die Spannbreite unter den Befragten von mindestens sechs bis maximal neun Ereignissen pro Einzelinterview. In einer geschlechterspezifischen Betrachtung konnten die befragten Frauen insgesamt 24 Ereignisse und die befragten Männer 21 Ereignisse benennen. Signifikante altersspezifische Unterschiede in der anzahlmäßigen Angabe von Ereignissen waren nicht feststellbar, jedoch erzielten sowohl die älteste, als auch die jüngste Teilnehmerin der Studie die höchste Anzahl an Ereignissen.

3.3.1 Kategorie A: Persönlichkeitsvariablen

Durch das bereits im Vorfeld erfolgte Auswahlverfahren für die Teilnahme einzelner Patienten an der Befragung ergab sich eine breite Variabilität in den Persönlichkeitsmerkmalen.

Bezogen auf die Geschlechterverteilung konnte ein ausgewogenes Mann-Frau-Verhältnis erreicht werden. So nahmen drei Männer und drei Frauen an der Befragung teil.

Das Altersspektrum erstreckte sich von 25 Jahre bis 52 Jahre. Sowohl der jüngste, als auch der älteste Befragungsteilnehmer waren dabei Frauen. Das errechnete Durchschnittsalter lag bei 40,5 Jahren.

In Bezug auf das vorrangige Suchtmittel stand schon aufgrund des Therapiekonzeptes der Klinik Eschenburg bei allen Teilnehmern Alkohol im Vordergrund *(vgl. Kapitel 1.2.2)*. Bei drei Teilnehmern konnten zudem Erfahrungen auch mit illegalen Drogen erhoben werden. Zwei von ihnen erhielten suchtbezogene Zusatzdiagnosen in Form einer Cannabisabhängigkeit und einer Opiatabhängigkeit.

Hinsichtlich möglicher Komorbiditäten wies lediglich ein Teilnehmer keine zusätzlichen Störungen auf. Bei drei der Teilnehmer wurden psychische Beeinträchtigungen aus dem depressiven Formenkreis diagnostiziert. Eine Teilnehmerin erhielt die Begleitdiagnosen einer Essstörung (bulimia nervosa), sowie einer emotional instabilen Persönlichkeitsstörung vom Borderline-Typus. Bei einer weiteren Teilnehmerin ergab sich der Verdacht auf das Vorliegen einer Posttraumatischen Belastungsstörung (PTBS).

3.3.2 Kategorie B: Art der Ereignisse

Während sich bezüglich der Bandbreite der genannten prägenden Ereignisse aufgrund der unterschiedlichen Erzählweisen der Teilnehmer auf den ersten Blick eine hohe Variabilität ergibt, so zeigten sich in der genaueren Betrachtung doch thematische Ähnlichkeiten. Von den 45 angeführten Lebensereignissen ließ sich der überwiegende Anteil mindestens einer übergeordneten Themenkategorie bzw. einem allgemeinen Lebensbereich zuordnen. Abbildung 2 soll dies veranschaulichen.

Familienleben (Herkunftsfamilie)	**Schule/Ausbildung**
• Familienurlaube/-ausflüge (2x) • Strenge/Ungeduld der Mutter • Demütigung durch die Schwester • Familiärer Zusammenhalt • Sozialisation unter Brüdern • Konflikte mit dem Vater (2x) • Sexueller Missbrauch	• Schulwechsel (2x) • Studienzeit (in Russland) • Erste Lehrausbildung (2x) • Lehrzeit • Zweite Lehrausbildung
Beruf	**Freizeit**
• Übernahme einer Leitungsposition • Berufliche Weiterbildung • Tätigkeit als Arzthelferin	• Fußball spielen
Führerschein	**Wechsel des Lebensumfeldes**
• Erlangen des Motorrad-Führerscheins • Erlangen des Moped-Führerscheins	• Übersiedlung nach Deutschland (2x) • Umzug der Familie
Partnerschaft	**Geburten**
• Heirat • 1. Partnerschaft • 2. Partnerschaft	• eigener Kinder (3x) • von Enkelkindern (2x)
Verlusterfahrungen	**Konsumerfahrungen**
• Tod des Vaters • Tod des Bruders • Tod der Mutter • Trennung vom Ehemann • Fehlgeburt	• Erstes Rauscherlebnis • Einstieg in den Drogenkonsum • Drogenkonsum • Alkoholkonsum und seine Folgen
Spezifische Ereignisse/Erfahrungen	
• Bundeswehrzeit • Schönheits-Operation • Gefühl der Ablehnung/des Andersseins	

3.3.3 Kategorie C: Individuelles Belastungserleben

Wie zu erwarten variierte das individuelle Belastungserleben einzelner Lebensereignisse insgesamt sehr stark. Darüber hinaus waren auch die konkreten Beschreibungen der erlebten Belastung von hoher Inhomogenität geprägt. Während einige Teilnehmer ihre persönlichen Empfindungen gut verbalisieren konnten, gelang es anderen nur schwer, den jeweiligen Einfluss des Erlebten auf sich und ihre Entwicklung gezielt zu umschreiben. Als hilfreich zumindest in der Einschätzung der Intensität der Belastung erwies sich die mündliche Vorgabe einer Belastungsskala von 0 (= gar nicht belastend) bis 10 (= sehr stark belastend) *(vgl. Anhang, Abb. 4).* Hier ergaben sich im Vergleich mit Angaben im Rahmen der freien Belastungseinschätzung oft unerwartete Werte. Daneben schien das Skaleninstrument eine gute Möglichkeit des Vergleichs zwischen dem damaligen und dem anhaltenden bzw. heutigen Belastungsempfinden zu bieten.

Einige der genannten Ereignisse wurden zwar als prägend eingeschätzt, jedoch in keiner Weise mit einem Belastungserleben verknüpft. Hierbei handelte es sich speziell um Ereignisse, die mit überwiegend positiven Erinnerungen verbunden waren. Folgende Einzelereignisse wurden hierbei genannt:

- ❖ *Familienausflüge*
- ❖ *Übersiedlung nach Deutschland*
- ❖ *Geburten der Töchter*
- ❖ *Fußball spielen*
- ❖ *Heirat*
- ❖ *Geburten der Kinder*
- ❖ *Erlangen des Motorrad-Führerscheins*
- ❖ *Familienurlaub*
- ❖ *Erlangen des Moped-Führerscheins*
- ❖ *Lehrzeit*
- ❖ *Berufliche Weiterbildung*
- ❖ *Schönheits-Operation*
- ❖ *Familiärer Zusammenhalt*
- ❖ *Geburten der Kinder/Enkel*
- ❖ *Drogenkonsum*
- ❖ *Erstes Rauscherlebnis*

Lediglich in einem Fall wurde ein Ereignis benannt, dass trotz unangenehmer Erinnerungen dennoch nicht als belastend empfunden wurde (= erstes Rauscherlebnis). Weitaus mehr Ereignisse hingegen wurden mit einem allgemeinen Belastungsempfinden beschrieben und rekrutierten sich aus den in Abbildung 3 aufgeführten Themenbereichen Familienleben (Herkunftsfamilie), Schule/Ausbildung, Beruf, Wechsel des Lebensumfeldes, Partnerschaft, Verlusterfahrungen, Konsumerfahrungen und spezifische Ereignisse/Erfahrungen *(vgl. Kapitel 3.3.2).*

Im Detail unterschieden sich die angegebenen Ereignisse insbesondere hinsichtlich des individuellen Belastungsempfindens deutlich. So berichteten die Studienteilnehmer sowohl über durchweg negative Ereignisse, als auch über Erfahrungen, die nur in Anteilen mit Belastungen einhergingen und auch positive Aspekte beinhalteten. Hinsichtlich der Intensität der Belastung ergaben sich z.T. sehr hohe Einschätzungswerte, insbesondere auch bei Ereignissen, die definitorisch zwar als kritisch eingestuft werden könnten, jedoch objektiv vermutlich als nicht so stark beeinträchtigend bewertet werden würden (z.B. Schulwechsel, Umzug der Familie). An dieser Stelle zeigt sich die besondere Bedeutung subjektiver Zuschreibungen im Ereignisgeschehen.

Darüber hinaus war zu bemerken, dass sich die beschriebenen Ereignisse und ihre Auswirkungen in ihrer Grundthematik bzw. in ihren Konsequenzen für das Selbsterleben der Teilnehmer oft ähnelten. Besonders häufig umschrieben die Teilnehmer in diesem Zusammenhang negative oder unangenehme Gefühlszustände als Folge eines oder mehrerer Ereignisse. Die von Außen beobachtbaren Redundanzen innerhalb der eigenen Biografie waren jedoch offenbar häufig nicht für die Teilnehmer selbst einsichtig oder konnten nicht entsprechend verbalisiert werden.

Auch hinsichtlich des Anhaltens von Belastungen ergaben sich oftmals große Unterschiede. So wurden Einzelereignisse als umschrieben als

    a) kurzfristig anhaltende Belastung

    b) langfristig anhaltende Belastung oder

    c) bis heute anhaltende Belastung

3.3.4 Kategorie D: Individuelle Bedeutung für den Suchtverlauf

Insgesamt konnten alle Teilnehmer Bezüge zwischen einzelnen genannten Lebensereignissen und ihrer Suchterkrankung herstellen. Zusammenhänge wurden dabei überwiegend zwischen belastenden Ereignissen und der Sucht gesehen, seltener wurden auch angenehme Erlebnisse in Verbindung mit dem Suchtverhalten gebracht.

In einigen Fällen konnten die Teilnehmer über direkte Konsequenzen einzelner Ereignisse auf ihren Konsum berichten. In der Mehrheit der Fälle interpretierten die Teilnehmer jedoch insbesondere die langfristigen Auswirkungen einzelner Erlebnisse als nachhaltig beeinflussend für die Suchtentwicklung. Je nach Reflexions- und Abstraktionsvermögen konnten sie ein sehr klares oder auch nur vages Krankheitskonzept vermitteln.

Einen Überblick zu den genannten Ereignissen und deren subjektiv wahrgenommener Bedeutung für den Suchtverlauf soll Tabelle 3 liefern.

Tab. 3 Einschätzung des Zusammenhangs zwischen Ereignissen und Suchtverlauf

Themenkategorie/ Lebensbereich	Genanntes Ereignis	Zusammenhang zur Sucht/Funktion des Konsums
Familienleben (Herkunftsfamilie)	Verhältnis zum Vater	➢ Aus Angst vor dem Vater heimliches und schnelles Trinken
	Konflikte mit dem Vater	➢ Kompensation von Frustration
	Ungeduld/Strenge der Mutter; Demütigung durch die Schwester Sexueller Missbrauch	➢ Flucht in den Alkohol
		➢ Alkohol als Mittel zur Kompensation negativer Gefühle (Ängste, Gefühl, nicht respektiert zu werden)
Schule/Ausbildung	Studienzeit in Russland	➢ Gewöhnung an regelmäßiges, schnelles Trinken und Konsum hochprozentiger Spirituosen
	Berufsausbildung	➢ Gewöhnung an regelmäßiges Trinken, Erleben von Geselligkeit, Zugehörigkeit, Entspannung
	Schulwechsel	➢ Versuch der Kompensation von belastenden Gefühlen (Angst, geringes Selbstwertempfinden)
Beruf	Berufstätigkeit	➢ Versuch der Kompensation von Stressempfinden/Überforderung
Freizeit	Fußball spielen, Vereinstätigkeiten	➢ Gewöhnung an regelmäßiges Trinken, Erleben von Geselligkeit, Zugehörigkeit
Partnerschaft	Erste Partnerschaft	➢ Versuch der Kompensation von Demütigungen und Repression
Verlusterfahrungen	Fehlgeburt	➢ Versuch der Kompensation von Selbstzweifeln, Selbstvorwürfen
	Tod des Vaters/des Bruders Trennung vom Ehemann	➢ Konsum als Versuch der Trauerbewältigung ➢ Konsum als Versuch der Bewältigung von Trauer und Kränkung
Konsumerfahrungen	Drogenkonsum	➢ Entsprechung vermeintlicher Erwartungen; spätere Probleme der Beschaffung illegaler Drogen führten zur Verlagerung auf Sucht ➢ Schöne Erinnerungen führten zu anhaltendem Konsum
Spezifische Ereignisse/ Erfahrungen	Bundeswehr	➢ Anpassung an Gruppennorm, Entlastung von negativen Gefühlen (Trennung von der Familie)
	Gefühl des Andersseins	➢ Angstfreiheit gegenüber Suchtmitteln

3.4 Fachliche Einschätzung der individuellen Suchtentwicklung

Herr G.

Herr G. wuchs in einem familiären Umfeld auf, welches durch den dominanten und strengen Vater gekennzeichnet war. Durch die hohe Erwartungshaltung des Vaters entwickelte Herr G. selbst eine starke Leistungsorientierung, eine hohe Anspruchshaltung an sich selbst. Er lernte zudem, sich unterzuordnen und eigene Bedürfnisse nicht durchzusetzen. Gegenüber dem Vater erlebte er sich oft ängstlich und unsicher, wodurch er kein tragfähiges Selbstwertempfinden aufbauen konnte.

Der somit sehr selbstunsichere Herr G. kam im Jugendalter erstmalig mit Alkohol in Kontakt und lernte dessen enthemmende Wirkung kennen. Durch die Vorgaben des Vaters konsumierte er jedoch stets heimlich, trank rasch, um nicht vom Vater ertappt zu werden und ihn zu enttäuschen. Mit seinem Fortgang aus Afrika und Beginn seiner Studienzeit in Russland erlebte sich Herr G. erstmalig frei, jedoch aufgrund des fremden Umfeldes, der Kulturen wiederholt stark verunsichert und ängstlich. In dem Bemühen, sich an die vorgegebenen Normen anzupassen, konsumierte er in Geselligkeit dann gehäuft auch Alkohol in hohen Maßen. Im Laufe der Studienzeit kam es dann bereits zu ersten Folgeerscheinungen in Form von Konflikten mit seiner Ehefrau, die sein Trinkverhalten kritisierte.

Nachdem Herr G. seinen Konsum dann für einige Jahre gänzlich einstellen konnte, geriet er mit Übernahme einer verantwortungsvollen Position im Beruf auf der Basis seiner ausgeprägten Leistungsorientierung und Neigung zur Vernachlässigung eigener Grenzen in eine Überforderungssituation und setzte wiederholt Alkohol zur Bewältigung ein. Im Zuge der so fortschreitenden Suchtentwicklung gewann der Alkoholkonsum zunehmend an Bedeutung im Sinne einer dysfunktionalen Bewältigungsstrategie. Sein Trinkverhalten sowie seine Suchterkrankung konnte Herr G. letztlich nicht in sein Selbstbild integrieren, entwickelte starke Schuld- und Schamgefühle, welche wiederum zum Trinken führten und somit zur Aufrechterhaltung der Sucht beitrugen.

Herr B.

Die von Herrn B. gemachten Angaben zu den häuslichen Verhältnissen in der Kindheit sind insgesamt nur sehr vage. Es ist jedoch zu vermuten, dass Herr B. einerseits einen dominanten und repressiven Vater erlebte, andererseits eine behütende und schützende Mutter. Herr B. hat damit gelernt, sich im Sinne der sozialen Erwünschtheit anzupassen, jedoch kann er mit Frustrationen nur schlecht umgehen. Konflikte mit dem Vater ergaben sich dann im Zuge seiner zunehmenden Aktivität im Fußballverein. Hier handelte Herr B.

entgegen der an ihn gestellten väterlichen Erwartungen, konnte aber zugleich mit den Auseinandersetzungen und Konflikten nicht angemessen umgehen.

Herr B. scheint überdies eine eher selbstunsichere Persönlichkeit entwickelt zu haben, Anerkennung und Bestätigung zog er aus seinen sportlichen Erfolgen.

Mit emotionalen Belastungen kann er nur schwer umgehen, vermied daher auch eine Auseinandersetzung bzw. tiefer gehende Einlassung im Interview. So erwähnte er überraschenderweise nicht den für ihn sehr belastenden Tod seiner Mutter im Jahr 1986. Auch die Konflikte mit dem Vater wehrte er insgesamt ab, bezeichnete diese als mit dem Tod des Vaters „abgeschlossen". Das auffallende Vermeidungsverhalten verweist aus fachlicher Sicht auf eine mangelnde Bewältigung des Erlebten, Defizite im Umgang mit belastenden Gefühlen und dementsprechenden tiefen Ängsten bei Herrn B.

Mit Alkohol kam Herr B. durch seine diversen Vereinsaktivitäten sowie im beruflichen Kontext bereits früh und regelmäßig in Berührung und lernte dessen Kontakte gestaltende und enthemmende Wirkung kennen. Hierbei orientierte er sich in seinem Konsummuster zunächst an herrschenden Normen, erst später setzte er Alkohol auch zur Kompensation von Belastungen ein (z.B. Bundeswehrzeit). Nach einer ersten Entwöhnungsbehandlung konnte Herr B. zunächst für einige Jahre abstinent bleiben. Aufgrund seiner bis dato jedoch mangelnden emotionalen Krankheitsakzeptanz und Kontrollüberzeugung wurde er im Rahmen einer Betriebsfeier wiederholt rückfällig. Es traten dann zunehmend familiäre Spannungen auf, die Herrn B. letztlich zur Durchführung einer zweiten Entwöhnungsbehandlung motivierten.

Frau M.

Frau M. wuchs in äußerlich geordneten familiären Verhältnissen auf. In der Zuwendung der Eltern erlebte sie vermutlich jedoch Defizite in Form von mangelnder Verhaltensrückmeldung, was sich im subjektiven Erleben eines Mangels an Wertschätzung ihrer Person äußerte. Der Suizidversuch des Vaters scheint im Nachklang tabuisiert worden zu sein, was eine unzureichende Bewältigung und das Eintreten von Verdrängungs- und Abspaltungsprozessen zur Folge hatte.

Durch das Verhalten der Eltern dürfte Frau M. in ihrer Identitäts- und Persönlichkeitsentwicklung stark verunsichert gewesen sein. Sie konnte so kein stabiles Selbstwertempfinden aufbauen, sondern fühlte sich abgelehnt. Darüber hinaus konnte sie keine hinreichende Fähigkeit zur Binnenwahrnehmung entwickeln, weshalb sie auch heute noch ihre aktuelle emotionale Befindlichkeit nur schwer einschätzen und insbesondere mit negativen Gefühlszuständen nicht adäquat umgehen. Eigene Bedürfnisse kann sie kaum wahrnehmen und entsprechend Wünsche nicht zum Ausdruck bringen. Vielmehr geht sie in die vordergründige Anpassung, handelt nach sozialer Erwünschtheit. Auch im Familiensystem versuchte sie zweitweise, der von ihr antizipierten Rolle gerecht zu werden.

Im Jugendalter kam Frau M. erstmalig mit Alkohol und Drogen in Kontakt, wobei sie sich an Vorbildern der peergroup orientierte und insbesondere mit nonkonformen Handlungen gegen das bestehende Elternmodell rebellierte. Im Drogenmilieu erfuhr sie dann die vermisste Zuwendung und suchtmittelassoziierten Zusammenhalt. Darüber hinaus lernte sie die enthemmende und betäubende Wirkung von Suchtmitteln kennen und verlagerte allmählich ihre Kontakte immer mehr in das Milieu. Auch Partnerschaften ging sie nur mit Konsumenten bzw. suchtmittelabhängigen Männern ein.

Aufgrund der somit langfristig aufrechterhaltenen Suchtstrukturen und Suchtverhaltens kam es letztlich auch nach erfolgreicher Entwöhnung von illegalen Drogen zu einer Suchtverlagerung auf Alkohol. Milieutypisches Verhalten hat Frau M. bis heute beibehalten (jugendliches Aussehen und Sprache).

Herr L.

Herr L. wuchs in einer familiären Atmosphäre auf, die durch Überforderung und psychische Labilität der Mutter geprägt war. Durch die Abwesenheit des Vaters fehlte es ihm insbesondere an männlichen Orientierungsmodellen. Aufgrund der instabilen Beziehungen, der erlebten Konflikte mit der Mutter wie auch mit den Schwestern konnte Herr L. kein tragfähiges Selbstwertempfinden aufbauen und wichtige soziale Kompetenzen nicht erlernen. So kann er auch heute noch Belastungen nicht adäquat kompensieren, verfügt über eine nur geringe Frustrationstoleranz und wenig Kritik- und Konfliktfähigkeit. Eigene Wünsche und Bedürfnisse kann er nicht angemessen vorbringen, geht eher in die kindliche Trotzhaltung.

Erstmalig kam Herr L. im Jugendalter mit Alkohol und Drogen in Kontakt. Im Konsum mit Anderen erlebte er sich frei, unabhängig, erwachsen und in der Gruppe wertgeschätzt. Aufgrund der positiven Erfahrungen im Umgang mit Suchtmitteln steigerte Herr L. zunächst seinen THC-Konsum, später auch seinen Alkoholkonsum immer mehr, setzte Suchtmittel zunehmend ein, um aufkommende Konflikte, Kränkungen oder andere unangenehme Gefühle zu bewältigen. Aufgrund des frühen, regelmäßigen Konsumbeginns konnte er wichtige Entwicklungsaufgaben nicht bewältigen. In seinen Reaktionen ist er daher partiell noch unreif, neigt tendenziell zur Unlustvermeidung und Somatisierung bei vermeintlich unzureichender Aufmerksamkeit.

In der Betrachtung biografisch relevanter Lebensereignisse ist auffallend, dass der Suizidversuch der Mutter nur kurze Erwähnung findet, wobei es sich um Verdrängung der damit einhergehenden Gefühle handeln könnte. Es kann sogar vermutet werden, dass Herr L.

aufgrund seiner beschriebenen Persönlichkeitsstruktur und erkennbarer Reifretardierung ein spätes Rachegefühl empfindet, welches er aus Gründen der Anpassung an soziale Normen und Angst vor Ablehnung nicht zugeben kann.

Frau P.

Frau P. als jüngste der befragten Patienten ist ihrer Herkunftsfamilie noch stark verbunden und präsentierte sich auch eher jugendlich. In der elterlichen Erziehung erlebte Frau P. sehr widersprüchliche Botschaften. Während der Vater streng und dominant beschrieben wird, ist der Umgang der Mutter mit den Kindern durch Überbehütung und ausgeprägte Fürsorge gekennzeichnet. Emotionale Bedürfnisse wurden bei Frau P. wie auch bei der Zwillings-schwester nicht angemessen befriedigt, vielmehr erfolgte eine überwiegend materielle Versorgung.

Frau P. erlebte ihre Eltern dennoch mit einer hohen Erwartungshaltung, derer sie kaum gerecht werden konnte und die sie im Kindheitsalter nach Außen zunächst mit Anpassung und einer devoten Haltung beantwortete. Verstärkt wurde dies durch das Erleben eines frühkindlichen Traumas, in dem sie eine massive Grenzverletzung und starke Gefühle der Fremdbestimmung, Ohnmacht und Hilflosigkeit erlebte. Insbesondere der nachfolgende Umgang mit dem Ereignis innerhalb der Familie scheint jedoch zu einer Manifestation dieser belastenden Gefühle beigetragen zu haben.
Als weiterhin traumatisierend dürften auch die erlebten Bedrohungen und Demütigungen zunächst in der Schulzeit, später im Rahmen ihrer ersten Partnerschaft zu bezeichnen sein.

Es ist daher davon auszugehen, dass Frau P. sehr früh und multipel gestört ist und im späteren Verlauf Merkmale einer emotional instabilen Persönlichkeit entwickelt hat.
Sie zeigt in der Folge einer massiven Selbstwertproblematik Defizite im Umgang mit negativen Emotionen und in der Kritik- und Konfliktfähigkeit sowie ein schwaches Abgrenzungs- und Durchsetzungsvermögen und mangelnde Selbstkrontrollfähigkeiten. Sie verfällt daher leicht in eine Opferhaltung, neigt zu kindlichen Reaktionsmustern. Aufkom-mende Aggressionen richtete Frau P. im Laufe der Entwicklung zunehmend gegen sich selbst, sie entwickelte eine Essstörung wie auch selbstverletzendes Verhalten (Ritzen der Arme).

Auch mit Suchtmitteln kam Frau P. sehr früh in Kontakt und setzte sie nahezu direkt zur Kompensation der beschriebenen Persönlichkeitsdefizite ein. So entwickelte sie sehr rasch eine sehr starke Suchtmittelabhängigkeit.

Frau S.

Frau S. beschreibt eine behütete und durch familiären Zusammenhalt geprägte Kindheit. Insbesondere der Vater scheint eine wichtige Bezugsperson für sie wie auch für die ganze Familie dargestellt zu haben, weshalb sein unerwarteter und früher Tod eine hohe Belastung für Frau S. bedeutete. Eine entsprechende Trauerbearbeitung scheint innerhalb der Familie jedoch nicht in ausreichendem Maße stattgefunden zu haben, fehlte der Vater doch als verbindender und tragender Familienmittelpunkt.

Insgesamt scheint Frau S. in ihrer Sozialisation nur wenige Strategien im Umgang mit Belastungen erlernt zu haben und neigt dazu, Unangenehmes eher auszublenden.

Frau S. entwickelte im Zuge erster Erfahrungen mit Alkohol in der Pubertät zunächst einen moderaten Konsum. Erst ab 1997 begann eine Verregelmäßigung im Zuge ihrer zweiten Ehe. Im Folgenden gewann der Alkoholkonsum zunehmend mehr an Funktionalität. Nach dem Tod des Bruders in 2005 trank Frau S. kurze Zeit exzessiv, schränkte ihre Trinkmenge dann aber wieder etwas ein. In den Folgejahren erlebte sie wiederholte Verlusterlebnisse: In 2006 durch die für sie plötzliche Trennung ihres Ehemannes wegen einer außerehelichen Beziehung, was mit einer tiefen Kränkung verbunden war, in 2007 durch den Tod ihres Ex-Mannes und in 2009 den Tod der Mutter.

Frau S. setzte Alkohol dabei offenkundig zur Kompensation von belastenden Gefühlen ein. Später stellten sich dann auch körperliche Entzugssymptome ein, die sie wiederum mit täglichem Trinken zu reduzieren versuchte und so zur Aufrechterhaltung der Suchterkrankung beitrug.

4. Diskussion

Die Ergebnisse der vorliegenden Studie zur Bedeutung kritischer Lebensereignisse im Kontext von Suchterkrankungen lassen insgesamt einen breiten Interpretationsspielraum zu. Die erfahrene Inhomogenität der einzelnen Aussagen in den teilstrukturierten Interviews führte zu einer einerseits positiven Vielfalt an Erlebensschilderungen, genau diese machte andererseits jedoch allgemeingültige Aussagen umso problematischer.

Im Vorfeld der Untersuchung wurde aufgrund persönlicher Erfahrungen in der therapeutischen Arbeit mit Suchtkranken angenommen, dass sich die Entstehung und Aufrechterhaltung des Krankheitsbildes u. a. durch eine mangelnde Bewältigung von Kritischen Lebensereignissen konstruiert. Diese These ließ sich anhand der genannten Ereignisse sowohl aus subjektiver Sicht der Studienteilnehmer und Betroffenen der Sucht, als auch aus fachlicher Sicht bestätigen. So konnten letztlich alle Teilnehmer einzelne prägende Lebensereignisse zumindest in Anteilen mit ihrer Suchterkrankung in Verbindung bringen. Weiter wurde konstatiert, dass sich eine besondere Häufung solcher kritischer Lebensereignisse eruieren ließe, die in Verbindung mit Verlusten, Kränkung oder Enttäuschung stehen. In der Befragung benannten die Teilnehmer tatsächlich einige solcher Erfahrungen, wie sich innerhalb der Themenkategorie „Verlusterfahrungen" zeigte. Jedoch fanden sich daneben auch Ereignisse, die zwar nicht spezifisch mit den genannten Emotionen, aber dennoch mit anderen negativen Gefühlszuständen wie Ängsten, Unsicherheit oder Überforderung einhergingen. Auffallend oft wurden dabei Ereignisse in Zusammenhang mit innerfamiliären Konflikten und Problemen angeführt *(vgl. Kapitel 3.3.2).*
Interessant ist die Beobachtung, dass für einige Studienteilnehmer die Suchterkrankung selbst ein kritisches Lebensereignis darzustellen scheint *(vgl. Kapitel 3.3.2, Abb. 3 „Konsumerfahrungen").*
Bei Fortschreiten der Erkrankung und durch Zunahme der suchttypischen Folgeerscheinungen werden zudem weitere kritische Lebensereignisse generiert und eine anhaltende Belastung produziert *(vgl. Kapitel 3.3.4).* Kritische Lebensereignisse sind somit nicht nur als *ursächlich* für die Entwicklung von Suchterkrankungen zu verstehen, sondern stellen umgekehrt auch *Folgen* von Suchterkrankungen dar, die für deren langfristige Aufrechterhaltung und Fortschreiten wiederum mit verantwortlich sein können.

Doch nicht allein das bloße Eintreten eines Ereignisses scheint Einfluss auf das spätere Konsumverhalten zu haben, vielmehr ein damit einhergehendes Empfinden von Belastung. Hier spielt das subjektive Erleben eine ganz besondere Rolle. Es konnte festgestellt werden, dass insbesondere Ereignisse, die entweder als anhaltend belastend beschrieben wurden oder sich in ihrer Grundthematik wiederholten, am ehesten für bestehende Defizite und letztlich die Entwicklung einer Suchterkrankung verantwortlich gemacht wurden.

Je belastender und somit negativer also ein Ereignis aus subjektiver Sicht wahrgenommen wird, umso eher werden auch direkte Auswirkungen auf den Suchtverlauf gesehen. Weitaus seltener werden im Allgemeinen positiv assoziierte Erlebnisse, wie beispielsweise „angenehme" Konsumerfahrungen, für nachhaltig Einfluss nehmend auf den Suchtverlauf erachtet.

Im Vergleich der fachlichen Einschätzung versus individuelle Bedeutungszuschreibungen ergaben sich sowohl Gemeinsamkeiten als auch Unterschiede. So wurden einige Ereignisse von beiden Seiten als bedeutsam in Hinblick auf ihre allgemeinen Auswirkungen wie auch bezüglich ihrer Relevanz für die Suchtentwicklung gesehen. Letztlich konnte jedoch nur eine Studienteilnehmerin ein dezidierteres und umfassenderes Krankheitsbild und Verständnis von ihrer Suchtentwicklung präsentieren (Frau P.). Alle anderen Teilnehmer erkannten nur vage und vereinzelt Zusammenhänge. Der fachliche Blick erscheint damit zunächst umfassender, verbindender und mehrdimensionaler zu sein.

Darüber hinaus ließ sich feststellen, dass einige Ereignisse zunächst aus der objektiven Perspektive zwar keine kritischen Lebensereignisse im klassischen Sinne darstellten (z.B. Fußball spielen), oftmals aber deren Auswirkungen und/oder Kontextzusammenhänge als einflussreich für eine Belastung oder auch als relevant für die eigene Suchterkrankung interpretiert wurden (z. B. Konflikte mit dem Vater wegen des Fußball spielens).
Demgegenüber fanden einige Ereignisse, die aus fachlicher Sicht als prägend für die persönliche, aber auch die suchtbezogene Entwicklung eingeschätzt werden (z. B. Suizidversuch des Vaters, Tod der Mutter) entweder keine Erwähnung oder es wurden keine Zusammenhänge zur Sucht gesehen. Dies mag einerseits mit dem für die Sucht typischen Krankheitscharakteristikum der Abwehr einhergehen, ist jedoch sicherlich im Einzelfall (wie bei Frau M.) auch auf einen mangelnden Zugang zu inneren Erlebensprozessen zurückzuführen.
Allgemein lässt sich daher festhalten, dass die fachliche Interpretation offenkundig in hohem Maße von Kenntnissen über das subjektive Erleben des Betroffenen selbst abhängig ist.

Nicht zuletzt wurde die Bedeutung von erhobenen Persönlichkeitsmerkmalen in Verbindung mit der Einschätzung kritischer Lebensereignisse untersucht. Hierbei konnten entgegen der anfänglichen These im Rahmen des gewählten Studiendesigns jedoch keine signifikanten Hinweise für mögliche Zusammenhänge gefunden werden. Weder scheinen Alter oder Geschlecht, noch die Art der konsumierten Suchtmittel oder bestehende Komorbiditäten Einfluss auf individuelle Bedeutungszuschreibungen zu haben.
Insgesamt scheinen der Autorin zur Erhebung möglicher Differenzen in den Persönlichkeitsvariablen eher quantitative Erhebungsinstrumente geeignet.

5. Ausblick

Trotz der beschriebenen Komplexität und Inhomogenität in der Gewinnung von Beschreibungen zum subjektivem Erleben kritischer Lebensereignisse muss festgehalten werden, dass sich hieraus auch eine besondere Herausforderung ergibt. Während sich das gewählte Studiendesign meines Erachtens für die Mehrheit der Arbeitshypothesen zwar als geeignet erwiesen hat, so mussten doch hinsichtlich der Frage nach einem Einfluss von Persönlichkeitsvariablen Grenzen erkannt werden. Für weitere Forschungsbemühungen ist daher nach meiner Auffassung je nach Erkenntnisinteresse eine Kombination aus qualitativen und quantitativen Methoden angezeigt.

Aus den Ergebnissen der vorliegenden wie aber auch anderen Studien lässt sich darüber hinaus noch nicht hinreichend die Frage beantworten, welche konkreten Einflussfaktoren für die Entwicklung eines *bestimmten* Störungsbildes verantwortlich zu machen sind. Warum reagieren Individuen auf belastende Lebensereignisse in einem Fall vorrangig mit einer Depression und in einem anderen mit einer Suchterkrankung? Die Gründe hierfür mögen u. a. in der Persönlichkeitsstruktur liegen, es scheint jedoch noch näheren Forschungsbedarf zu geben.

Abschließend seien mir einige persönliche Worte und Danksagungen erlaubt.
In der Befragung meiner Patienten im Rahmen Studie habe ich mich anfänglich durch das strukturierte Vorgehen selbst als gehemmt erlebt. So musste auch ich mich zunächst aus der Rolle des Therapeuten in die des Interviewers hineinfinden. Umso erfreulicher waren dann jedoch die Ergebnisse. Durch das besondere Befragungsverfahren habe ich oftmals für den Therapieverlauf neue und wichtige Erkenntnisse erzielen können und mein Bild von den Patienten hierdurch ergänzen können. Noch erfreulicher erscheint mir jedoch die Tatsache, dass sich einige Patienten trotz anfänglicher Unsicherheiten in der Teilnahme an der Studie und somit der Bewältigung ihrer Ängste positiv erleben konnten. Daneben profitierten einige wohl auch dahingehend, dass sie Redundanzen und somit „Muster" in ihrem Lebenslauf besser erkennen konnten. Möglicherweise wäre dies über die einfache und übliche Anamneseerhebung nicht möglich gewesen.

Den wichtigsten Erkenntnisgewinn verdanke ich jedoch den Patienten selbst. Gerade in der Anfangsphase der Therapie, im Rahmen derer der Aufbau einer tragfähigen Arbeitsbeziehung sowie das Kennenlernen und die Erfassung der für die Therapieplanung wichtigen Problembereiche im Vordergrund stehen, erlebe ich oftmals die größte Anstrengung. Eine durch Wertschätzung, Aufmerksamkeit und Interesse geprägte Begegnung mit den Patienten führt jedoch nicht selten schon rasch zu einer vertrauensvollen und für den weiteren Therapieprozess unabdingbaren Basis.

Meine Patienten haben mir nicht nur durch die Teilnahme an der Studie selbst großes Vertrauen bewiesen, sondern insbesondere durch das gezeigte Bemühen und Engagement, mit dem sie sich an der Befragung beteiligten.

Mein besonderer Dank gilt daher Herrn G., Herrn B., Frau M., Herrn L., Frau P. und Frau S. für ihre Unterstützung und diese wertvolle Erfahrung.

Ein aufrichtiges Dankeschön geht auch an meinen betreuenden Dozenten Herrn Dipl.-Sozialarbeiter Wolfgang Scheiblich sowie an den Zweitleser meiner Arbeit, Herrn Prof. Dr. med., M.A. Wolfgang Schwarzer.

Literaturverzeichnis

Bohus, Martin (2002): Borderline-Persönlichkeitsstörung. Göttingen.: Hogrefe-Verlag.

Bowlby, John (2006): Bindung und Verlust 1. Bindung. München, Basel: Reinhardt-Verlag.

Bowlby, John (2006): Bindung und Verlust 2. Angst und Zorn. München, Basel: Reinhardt-Verlag.

Bowlby, John (2006): Bindung und Verlust 3. Verlust: Trauer und Depression. München, Basel: Reinhardt-Verlag.

Braukmann, Walter & Filipp, Sigrun-Heide (1995): Personale Kontrolle und die Bewältigung kritischer Lebensereignisse. In: Filipp, Sigrun-Heide (Hrsg.) (1995): Kritische Lebensereignisse. 3. Aufl., Weinheim: Psychologie Verlags Union. S. 233-248.

Ehlers, Anke (1999): Posttraumatische Belastungsstörung. Göttingen.: Hogrefe-Verlag.

Faltermaier, Toni (1991): Alltägliche Krisen und Belastungen. In: Flick, Uwe, von Kardorff, Ernst, Keupp, Heiner, von Rosenstiel, Lutz & Wolff, Stephan (Hrsg.) (1991): Handbuch Qualitative Sozialforschung – Grundlagen, Konzepte, Methoden und Anwendungen. München: Psychologie Verlags Union. S. 305-308.

Filipp, Sigrun-Heide & Braukmann, Walter (1995): Verfahren zur Erfassung kritischer Lebensereignisse: Eine Übersicht. In: Filipp, Sigrun-Heide (Hrsg.) (1995): Kritische Lebensereignisse. 3. Aufl., Weinheim: Psychologie Verlags Union. S. 92-103.

Friebertshäuser, Barbara (1997): Interviewtechniken – ein Überblick. In: Friebertshäuser, Barbara (Hrsg.) (1997): Handbuch qualitative Forschungsmethoden in der Erziehungswissenschaft. Weinheim [u. a.]: Juventa-Verlag. S.371-394.

Groos, Julia (2007): Demenz und Biografie - Zur Rekonstruktion von Lebenssinn. GRIN Verlag.

Huschke-Rhein, Rolf (Hrsg.) (1991): Systemische Pädagogik. Ein Lehr- und Studienbuch für Erziehungs- und Sozialwissenschaften. Band II: Qualitative Forschungsmethoden und Handlungsforschung. 2. Aufl., Köln: Rhein-Verlag.

Kasten, Hartmut (2004): Keine Angst vor der Angst. Ängste im Laufe unseres Lebens. Darmstadt: Primus-Verlag.

Kilb, Barbara (2006): Bildungsprozesse durch kritische Lebensereignisse und Krankheitserfahrungen. Mainz: Logophon-Verlag.

Klinik Eschenburg (Hrsg.) (2009): Qualitätsbericht der Klinik Eschenburg für das Jahr 2008.

Kübler-Ross, Elisabeth (1990): Interviews mit Sterbenden. 15. Aufl. Gütersloh: Verlagshaus Mohn.

Kübler-Ross, Elisabeth (1997): On Death and Dying – What the dying have to teach doctors, nurses, clergy and- their own families. New York: First Touchstone Edition.

Lazarus, Richard S. (1995): Streß und Streßbewältigung – ein Paradigma. In: Filipp, Sigrun-Heide (Hrsg.) (1995): Kritische Lebensereignisse. 3. Aufl., Weinheim: Psychologie Verlags Union. S. 198-229.

Linden, Michael (2005): Die Posttraumatische Verbitterungsstörung - Eine pathologische Verarbeitung von Kränkungen. In: Psychoneuro 2005; 31 (1): S. 21-24.

Mayring, Philipp (1996): Einführung in die qualitative Sozialforschung – Eine Anleitung zu qualitativem Denken. 3., überarb. Aufl., Weinheim: Psychologie Verlags Union.

Müller, Angelica (2001): Diagnostik süchtiger Störungen. In: Tretter, Felix & Müller, Angelica (Hrsg.) (2001): Psychologische Therapie der Sucht. Göttingen: Hogrefe-Verlag. S. 251-283.

Osten, Peter (2000): Die Anamnese in der Psychotherapie: Klinische Entwicklungspsychologie in der Praxis. 2. Aufl., Stuttgart: UTB-Verlag.

Reck, Corinna (2001): Kritische Lebensereignisse und Depression. Life-Event-Forschung im Überblick. 1. Aufl. Pabst Science Publishers: 2001.

Reinecker, Hans & Zauner, Hartwig (1983): Kritische Lebensereignisse als Risikofaktoren des Alkoholismus. In: Archiv für Psychiatrie und Nervenkrankheiten. S. 333-346.

Rosch Inglehart, Marita (1988): Kritische Lebensereignisse – eine sozialpsychologische Perspektive. Stuttgart [u. a.]: Kohlhammer-Verlag.

Schmidt, Christiane (1997): „Am Material": Auswertungstechniken für Leitfadeninterviews. In: Friebertshäuser, Barbara (Hrsg.) (1997): Handbuch qualitative Forschungsmethoden in der Erziehungswissenschaft. Weinheim [u. a.]: Juventa-Verlag. S. 544-567.

Seligman, Martin E. P. (2000): Erlernte Hilflosigkeit. 2. Aufl., Weinheim, Basel: Beltz-Verlag.

Anhang

Abb. 4 Interviewleitfaden

Life Events und Sucht – Zur Bedeutung kritischer Lebensereignisse und ihrer Auswirkungen im Kontext von Suchterkrankungen

Ort: *Datum:*   *Uhrzeit:*

Bereich I – Persönlichkeitsvariablen

Geschlecht: Vorrangiges Suchtmittel:

Alter:

Bereich II – Analyse von Ereignissen im Kontext der Lebensspannen

Kindheit

➢ Welche Ereignisse erinnern Sie aus Ihrer Kindheit, die nach Ihrer Einschätzung Ihr Leben besonders beeinflusst haben?

➢ Welches dieser Ereignisse war für Sie am prägendsten?

(Folgenden Fragenkomplex bei Mehrfachnennungen für jedes Ereignis wiederholen)

➢ Wie haben Sie (damals) auf dieses Ereignis reagiert?

➢ Wie belastend war dieses Ereignis (damals) für Sie (z.B. auf einer Skala von *0 = gar nicht belastend* bis *10 = sehr stark belastend*)?

➢ Wie lange hat Sie dieses Ereignis beschäftigt? Denken Sie heute noch daran?

➢ Wie hat sich dieses Ereignis Ihrer Einschätzung nach insgesamt auf ihr weiteres Leben ausgewirkt?

➢ Wie belastend ist dieses Ereignis heute noch für Sie (z.B. auf einer Skala von *0 = gar nicht belastend* bis *10 = sehr stark belastend*)?

➢ Denken Sie, dass dieses Ereignis auch Einfluss auf Ihre heutige Suchterkrankung hat oder hatte? Wenn ja, inwiefern?

Jugend

➢ Welche Ereignisse erinnern Sie aus Ihrer Jugend, die nach Ihrer Einschätzung Ihr Leben besonders beeinflusst haben?

➢ Welches dieser Ereignisse war für Sie am prägendsten?

(Folgenden Fragenkomplex bei Mehrfachnennungen für jedes Ereignis wiederholen)

➢ Wie haben Sie (damals) auf dieses Ereignis reagiert?

➢ Wie belastend war dieses Ereignis (damals) für Sie (z.B. auf einer Skala von *0 = gar nicht belasten* bis *10 = sehr stark belastend*)?

➢ Wie lange hat Sie dieses Ereignis beschäftigt? Denken Sie heute noch daran?

➢ Wie hat sich dieses Ereignis Ihrer Einschätzung nach insgesamt auf ihr weiteres Leben ausgewirkt?

➢ Wie belastend ist dieses Ereignis heute noch für Sie (z.B. auf einer Skala von *0 = gar nicht belastend* bis *10 = sehr stark belastend*)?

➢ Denken Sie, dass dieses Ereignis auch Einfluss auf Ihre heutige Suchterkrankung hat oder hatte? Wenn ja, inwiefern?

Erwachsenenalter

➢ Welche Ereignisse erinnern Sie aus dem Erwachsenenalter, die nach Ihrer Einschätzung Ihr Leben besonders beeinflusst haben?

➢ Welches dieser Ereignisse war für Sie am prägendsten?

(Folgenden Fragenkomplex bei Mehrfachnennungen für jedes Ereignis wiederholen)

➢ Wie haben Sie (damals) auf dieses Ereignis reagiert?

➢ Wie belastend war dieses Ereignis (damals) für Sie (z.B. auf einer Skala von *0 = gar nicht belastend* bis *10 = sehr stark belastend*)?

➢ Wie lange hat Sie dieses Ereignis beschäftigt? Denken Sie heute noch daran?

➢ Wie hat sich dieses Ereignis Ihrer Einschätzung nach insgesamt auf ihr weiteres Leben ausgewirkt?

➢ Wie belastend ist dieses Ereignis heute noch für Sie (z.B. auf einer Skala von *0 = gar nicht belastend* bis *10 = sehr stark belastend*)?

➢ Denken Sie, dass dieses Ereignis auch Einfluss auf Ihre heutige Suchterkrankung hat oder hatte? Wenn ja, inwiefern?

Forschungsstudie im Rahmen des
Masterstudiengangs Suchthilfe/Suchttherapie (M.Sc.) ,
Katholische Hochschule (KatHo) Nordrhein-Westfalen, Abteilung Köln zum Thema
„Life Events und Sucht - Zur Bedeutung kritischer Lebensereignisse und ihrer Auswirkungen im Kontext von Suchterkrankungen. "

Sehr geehrte Damen und Herren,

Sie haben sich freundlicherweise als Teilnehmer für eine Forschungsstudie im Rahmen des Masterstudiengangs Suchthilfe/Suchttherapie der Katholischen Hochschule NRW, Abt. Köln zur Verfügung gestellt. Für diesen Beitrag möchten wir uns schon an dieser Stelle herzlich bei Ihnen bedanken!

Im Rahmen der Studie soll untersuchet werden, wie Menschen mit einer Suchterkrankung einzelne Ereignisse in ihrem Leben einschätzen. Es geht also um eine subjektive Auswahl und Bewertung biografischer Erlebnisse, Ihre ganz persönliche Sichtweise, unabhängig von der Meinung Ihrer Behandler.

Die Untersuchung sieht vor, durch Ihre/n Bezugstherapeuten/Bezugstherapeutin ein etwa 60-minütiges Interview mit Ihnen durchzuführen, welches wir zur Auswertung aufgrund vorgegebener wissenschaftlicher Kriterien auf Tonband aufzeichnen.

Selbstverständlich werden sowohl die Tonbänder wie alle Ihre persönlichen Angaben und Daten insgesamt streng vertraulich behandelt. Alle Hinweise, die Rückschlüsse auf Ihre Person zulassen könnten, werden anonymisiert!

Um Sie auf die Befragung vorzubereiten, möchte ich Sie mit dieser Information bitten, sich vorab schon einmal einige Gedanken zu Ihren individuellen Lebensereignissen zu machen:

> *An welche Ereignisse aus ihre Kindheit, der Jugend und/oder dem Erwachsenenalter erinnern Sie sich noch besonders gut?*
> *Welche Erlebnisse waren für Sie besonders einschneidend oder prägend?*
> *Haben diese Ereignisse Ihrer Meinung nach einen Einfluss auf Ihr weiteres bzw. heutiges Leben gehabt?*
> *Und glauben Sie, dass diese Ereignisse in Zusammenhang mit ihrer heutigen Suchterkrankung stehen?*

Bitte denken Sie in aller Ruhe hierüber nach und lassen Sie sich zur Beantwortung ausreichend Zeit. Auf der Rückseite dieses Schreibens können Sie sich gerne auch einige Notizen machen!

Ihr persönliches Interview findet an folgendem Datum und zu folgender Uhrzeit statt:

Am _____ um _____Uhr

Noch einmal vielen Dank für Ihre Teilnahme!

Abb. 6 Information und Anleitung für Befragungsteilnehmer – Rückseite

Forschungsstudie im Rahmen des

Masterstudiengangs Suchthilfe/Suchttherapie (M.Sc.) ,

Katholische Hochschule (KatHo) Nordrhein-Westfalen, Abteilung Köln zum Thema

„Life Events und Sucht - Zur Bedeutung kritischer Lebensereignisse und ihrer Auswirkungen im Kontext von Suchterkrankungen. "

Notizen

_____

_____

_____

_____

_____

_____

_____

_____

_____

_____

_____

_____

_____

_____

_____

_____

_____

_____

_____

_____

_____

_____